Terrorisme et droits fondamentaux

BIBLIOTHÈQUES DE DROIT

COLLECTION FONDÉE ET DIRIGÉE PAR JEAN-PAUL CÉRÉ

Cette collection a pour vocation d'assurer la diffusion d'ouvrages scientifiques sur des thèmes d'actualité ou sur des sujets peu explorés dans le domaine des sciences juridiques. Elle se destine notamment à la publication de travaux de jeunes chercheurs.

Dernières parutions :

E. GINDRE (dir.), *La dignité des personnes détenues dans les prisons des Outre-Mer,* 2023.

M. Dos Santos, *La gravité en droit international pénal. Une notion insaisissable et instrumentalisée*, 2023.

C. MENABE et J. LEONHARD (dir.), *Réinsérer les femmes et les mineurs face au soupçon de danger terroriste.*

P. KEUBOU, *La procédure pénale au Cameroun.*

C. MENABE et J. LEONHARD (dir.), *Femmes, mineurs et terrorisme.*

J. FALXA (dir.), *Coopération judiciaire internationale en matière pénale. France, Brésil, Suriname*

N. JOUENNE-PEYRAT, *L'encadrement pénal de la prostitution des mineurs.*

J-P. CERE, *Droit disciplinaire pénitentiaire, 2e édition*, 2020.

A. CHARRUAU, *L'avenir du juge unique.*

M. MANET, *Le devenir juridique de la dignité. Une étude de la Charte africaine des droits de l'homme et des peuples.*

M. GALIMMARD, *L'incrimination de la zoophilie.*

M. PELTIER-HENRY, *Le droit pénal à l'épreuve des neurosciences.*

T. TOUZEAU, *Recel et blanchiment. Nouvelles sources de cumul de qualifications.*

H. CAPPADORO, *Les sens de la peine.*

Delphine Brach-Thiel

Terrorisme et droits fondamentaux

L'Harmattan

Du même auteur (chez l'Harmattan – Comité international des pénalistes francophones) :

La responsabilité pénale de la personne morale, Enjeux et avenir, sous la direction de Delphine Brach-Thiel et Ann Jacobs
Existe-t-il encore un seul "non bis in idem" aujourd'hui ?, sous la direction de Delphine Brach-Thiel
Le financement du terrorisme, sous la direction de Delphine Brach-Thiel

5-7, rue de l'École polytechnique, 75005 Paris

www.harmattan.fr

ISBN : 978-2-336-40798-2
EAN : 9782336407982

Les auteurs

Amin BOUTAGHANE

Delphine BRACH-THIEL

Marie DOSÉ

Sabrina LAVRIC

Julie LEONHARD

Étienne MANGEOT

Céline MÉNA

Catherine MÉNABÉ

André MOINE

Remerciements

Je remercie l'Institut François Gény (UR 7301), laboratoire de recherche en droit privé, sciences criminelles et histoire du droit de l'Université de Lorraine, qui a contribué à l'organisation du colloque *Terrorisme et droits fondamentaux* le 25 novembre 2022, et qui a permis la réalisation de cet ouvrage.

Avant-propos

Delphine BRACH-THIEL
Maître de conférences-HDR à l'Université de Lorraine, Institut François Gény (UR 7301)

Le 25 novembre 2022 était organisé par l'Institut François Gény (EA 7301) à la Faculté de droit, sciences économiques et de gestion de Nancy (Université de Lorraine), une journée d'étude intitulée *Terrorisme et droits fondamentaux.* L'organisatrice de cette journée, Delphine Brach-Thiel se propose de publier les contributions des intervenants de cette journée.

Si la définition du terrorisme est sujette à controverse, celle des droits fondamentaux de l'individu paraît plus consensuelle au moins dans nos sociétés démocratiques. D'une définition française du terrorisme « volontairement large et floue[1] », à celle du *Patriot Act* qui « renvoie à la notion de légalité[2] », il s'agira d'actes commis par des Hommes dont il convient de prendre en compte l'humanité. Se pose alors la question de leurs droits fondamentaux.

La problématique contemporaine du sort des djihadistes français, partis combattre sur le territoire syrien au soutien de l'État islamique, est sans aucun doute le sujet le plus sensible pour notre société démocratique protectrice des droits de l'Homme des cinq dernières années.

Depuis le début de la lutte contre l'État islamique, et encore plus depuis la perte de ses dernières emprises territoriales en 2019, des milliers de combattants de toutes origines sont retenus dans des camps contrôlés par les forces démocratiques syriennes (composées majoritairement d'éléments kurdes). On a pu estimer que près de 700

[1] MARC TREVIDIC, *Le roman du terrorisme. Discours de la méthode terroriste.*, Livre de poche, 2022, p. 32

[2] MARC TREVIDIC, *op.cit.* p.33.

Français, dont 300 femmes, sans compter leurs enfants, ont été retenus plusieurs années dans des conditions particulièrement éprouvantes (maladie, malnutrition, absence d'hygiène), en totale violation de leur dignité. Aujourd'hui, ils resteraient au moins encore une centaine d'enfants français. Mais aussi, des citoyens français, détenus arbitrairement, en dehors de tout cadre légal, en attente d'un très hypothétique jugement, qui n'aura certainement jamais lieu.
Les forces démocratiques syriennes ne sont pas un état, la création d'un tribunal pénal international pour la Syrie apparaît aujourd'hui totalement illusoire tandis que la Cour pénale internationale n'a aucune compétence en matière de terrorisme.

L'unique solution réside ainsi dans le rapatriement des ressortissants français détenus au Levant, afin que ceux-ci soient jugés dans le respect des droits et libertés garantis par la République. Cette solution à laquelle se refuse pour partie l'exécutif, a entraîné notamment la condamnation de la France par la Cour européenne des droits de l'Homme le 14 septembre 2022.

Pour autant, si après la destruction de Daech, l'hydre djihadiste semble reculer, elle reste tapie dans l'ombre et continue à développer ses réseaux. Hugo Micheron[3] distingue des phases de « marée haute » et de « marée basse ». Si nous sommes aujourd'hui dans une phase de faiblesse, si « face au djihadisme, la démocratie réagit par une vague de colère suivie d'oubli[4]», il convient de ne pas baisser la garde, car c'est souvent lorsqu'on s'y attend le moins que les attentats ressurgissent.

---

[3] Hugo Micheron, *La Colère et l'Oubli. Les démocraties face au jihadisme européen,* éd. Gallimard, 2023.
[4] *Ibid.*

Quelle réponse aujourd'hui ? Le gouvernement vient d'autoriser la création d'un traitement automatisé de données à caractère personnel relatif à la prise en charge des mineurs de retour de zones d'opérations de groupements terroristes (MRZOGT)[5]. Nouvelle question : est-ce un crime que de laisser des enfants dans une zone de guerre ?
Les intervenants de ce colloque ont mis leurs savoirs au service d'une problématique complexe, permettant des échanges précieux, riche d'enseignements, que les lecteurs pourront trouver dans cet ouvrage. Une réflexion a été engagée selon les deux angles qui intéressent les pouvoirs publics : la prévention et la détection en amont du passage à l'acte d'une part et d'autre part, la façon dont sont judiciarisés les terroristes, ce qu'ils peuvent attendre de notre justice pénale et notamment sur le terrain des droits fondamentaux.
Si la matinée a été consacrée aux Français ayant rejoint l'État islamique à l'étranger, les débats ont été élargis l'après-midi à la question du sort des terroristes dès lors qu'ils se retrouvent sur notre sol. *Quid* des droits fondamentaux de celui ou celle qui a commis l'un des actes les plus graves réprimés par notre Code pénal, le plus souvent en rejetant les valeurs occidentales, nos valeurs démocratiques ?

Mai 2023

[5] Décret n° 2023-255 du 6 avril2023.

Les libertés fondamentales doivent-elles céder à la lutte contre le terrorisme ?

Étienne MANGEOT

J'avais choisi ce sujet en forme de question pour ma plaidoirie prononcée – et primée – le 27 janvier 2019 au Concours International de Plaidoiries du Mémorial de CAEN. J'y expliquais déjà pourquoi, au nom des libertés fondamentales, pierre angulaire de notre État de droit, il était nécessaire de rapatrier nos compatriotes, anciens combattants de l'État Islamique, détenus dans les camps du Kurdistan syrien (le Rojawa).

Quatre ans plus tard, cette question n'a malheureusement rien perdu de son actualité.

Malheureusement car, par pur hasard de calendrier, quelques jours après ma prestation à CAEN, les médias se faisaient l'écho du retour imminent de l'ensemble des détenus français du Rojawa… avant que celui-ci ne soit finalement annulé, quelques heures seulement avant sa mise en œuvre. Pourquoi ce revirement aussi brusque que soudain ? La question demeure entière. Ce qui est certain, en revanche, c'est que depuis, le gouvernement n'a pas varié dans sa détermination à ne procéder au rapatriement d'aucun homme sur le territoire national.

Une détermination qui signe en réalité une double défaite.

Une défaite de nos valeurs démocratiques tout d'abord : renoncer aux règles du procès équitable, renoncer à veiller à ce que chacun bénéficie des libertés fondamentales, quand bien même il s'agit de notre ennemi public n° 1, et surtout s'il s'agit de notre ennemi public n° 1, c'est renoncer à la démocratie, c'est baisser le pavillon des libertés devant le terrorisme… et donc signer sa victoire.

Une défaite de notre justice ensuite : rappelons-nous que, dans des temps pas si éloignés, l'État n'hésitait pas à mettre en œuvre des moyens considérables pour aller chercher dans des contrées parfois très lointaines des individus attraits devant les juridictions françaises. Tel Klaus Barbie pour ne citer que lui. Aujourd'hui, à l'inverse, il semble que le recours au juge français soit la dernière des volontés de l'exécutif. A-t-il si peu confiance en notre justice à qui il confie pourtant le soin de juger des milliers de nos concitoyens chaque jour, et qui a démontré à l'occasion du procès des attentats du 13 novembre 2015 qu'elle savait parfaitement relever un tel défi juridique et logistique ?

Il est bien sûr essentiel, ô combien, de défendre les libertés fondamentales des opprimés : opposants politiques embastillés, minorités ethniques ou religieuses pourchassées dans le sang, migrants réduits à l'état d'esclaves… mais qu'en est-il des libertés fondamentales lorsqu'il s'agit de les garantir à ceux qui sont de l'autre côté : les oppresseurs, les terroristes… ? N'y ont-ils pas droit eux aussi ?

Répondre par la négative telle que le suggère la position du gouvernement français, c'est insinuer que les libertés fondamentales devraient être refusées à certains. Mais dans ce cas, où placer le curseur ? Qui doit être considéré comme citoyen de plein droit, jouissant de l'ensemble de ses droits et libertés et qui ne le sera pas ?

L'exemple américain de la renonciation aux règles élémentaires de l'État de droit après le 11 septembre par le recours à la torture et à la détention arbitraire (Guantanamo, lieux de détention à l'étranger...) devrait pourtant faire réfléchir. Les victimes des attentats du World Trade Center n'auront jamais droit à un procès par la faute de ce choix coupable. La justice ne viendra pas mettre son point final comme elle devrait le faire dans toute démocratie digne de ce nom.

La leçon à tirer apparaît simple : Les libertés fondamentales sont un bloc. Elles ne peuvent souffrir d'être à géométrie variable. Elles sont universelles ou elles ne sont pas.

Dans un futur peut-être moins lointain qu'on le pense, le tribunal de l'Histoire – à défaut du tribunal des Hommes – tranchera à l'aune d'une question, aussi simple que cruciale : en quoi valons-nous mieux que ces terroristes si, pour toute réponse, nous leur opposons leurs propres méthodes en renonçant à nos valeurs ?

Vie familiale et terrorisme

Delphine Brach-Thiel

Maître de conférences à l'Université de Lorraine, HDR

Le droit au respect de la vie privée figure notamment, depuis 1970, à l'article 9 du Code civil et se trouve également mentionné à l'article 8 de la Convention européenne des droits de l'Homme ainsi qu'à l'article 7 de la Charte des droits fondamentaux de l'Union européenne. L'article 8 de la Convention dispose que « *toute personne a droit au respect de sa vie privée et familiale, de son domicile et de sa correspondance* » tout en précisant « *il ne peut y avoir ingérence d'une autorité publique dans l'exercice de ce droit que pour autant que cette ingérence est prévue par la loi et qu'elle constitue une mesure qui, dans une société démocratique, est nécessaire à la sécurité nationale, à la sûreté publique, au bien-être économique du pays, à la défense de l'ordre et à la prévention des infractions pénales, à la protection de la santé ou de la morale, ou à la protection des droits et libertés d'autrui* ». Grâce à une « irrésistible ascension[6] », le principe présente également aujourd'hui une valeur constitutionnelle alors même qu'une tentative de définition serait « *quasi-impossible*[7] » au-delà du fait qu'il s'agit du droit à la vie privée et familiale, du domicile et de la correspondance, mais également un droit de l'enfant consacré par l'article

---

[6] M.-T. Meulders-Klein, « L'irrésistible ascension de la vie privée au sein des droits de l'homme », in *Le droit au respect de la vie privée au sens de la Convention européenne des droits de l'homme*, dir. F. Sudre, Bruylant, 2005, p. 305 et s.

[7] F. Sudre, « La "construction" par le juge européen du droit au respect de la vie privée », in *Le droit au respect de la vie privée au sens de la Convention européenne des droits de l'homme*, Bruylant, 2005, p. 11.

16 de la Convention internationale des droits de l'enfant (CIDE), dont le Défenseur des droits est le garant.

Notre étude portera sur le lien et les conséquences de ce droit reconnu pour tous – adultes et enfants - lorsqu'il s'agit de porter la voix et d'assurer la défense d'adultes poursuivis pour des faits de terrorisme[8] ou condamnés pour de tels actes, et au-delà de se demander si les auteurs d'actes de terrorisme ou les accusés poursuivis sur ce fondement sont traités différemment par rapport à un délinquant ou un criminel de « droit commun ». Autrement dit, le droit à la vie privée bénéficie-t-il d'une protection plus ou moins grande selon que l'infraction en cause est plus ou moins grave ? En effet, dès lors qu'il est question de terrorisme, tout porte à croire que l'on se trouve dans une procédure d'exception assortie d'une judiciarisation d'exception se caractérisant notamment par une extrême sévérité des sanctions prononcées[9]. Y a-t-il alors un droit à la vie privée et familiale pour le terroriste ? *Quid* de la famille du terroriste et notamment de ses enfants ?

---

[8] La définition française du terrorisme est « volontairement large et floue » (Marc Trevidic, *Le roman du terrorisme. Discours de la méthode terroriste.,* Livre de poche, 2022, p. 32), tandis que celle du *Patriot Act* « renvoie à la notion de légalité » (Marc Trevidic, *op.cit.* p.33) là où celle du *Terrorist Act* de 2000 en Grande-Bretagne ne prend pas plus en « considération la légitimité de la cause » (Marc Trevidic, *op.cit.* p.34).

[9] Que ce soit à l'égard des règles de poursuites, de jugement ou d'échelle des peines, la sanction des actes terroristes affirme un caractère dérogatoire marqué, respectueux des droits de la défense, mais dont l'une des caractéristiques aujourd'hui réside dans la sévérité de la sanction, sanction elle-même prononcée – en matière criminelle- par une Cour d'assises spéciale puisque uniquement composée de magistrats professionnels :un président et, lorsqu'elle statue en premier ressort, de six assesseurs, ou lorsqu'elle statue en appel, de huit assesseurs.

Soulignons que le respect de la vie privée - inhérent à chaque individu - ne s'efface pas avec l'incarcération même s'il est vrai que la détention s'accompagne nécessairement d'ingérences dans la vie privée et familiale[10] . La CEDH a ainsi précisé que la France n'a pas méconnu l'article 8 de la Convention en refusant à une détenue une sortie sous escorte pour se recueillir sur la dépouille de son père[11]. Si les liens familiaux pâtissent nécessairement d'une incarcération, pour autant la Cour européenne reconnaît explicitement, depuis l'arrêt Messina[12], que les détenus ont droit au respect de leur vie privée et familiale, ce qui implique pour l'administration pénitentiaire de prendre les mesures adéquates au maintien des contacts familiaux profitables à une réintégration sociale[13]. Pour autant, on constate déjà une difficulté concernant les Corses détenus « sur le continent » - l'éloignement perturbant le maintien des liens familiaux et les liens avec l'avocat en charge de la défense : l'impératif de se prémunir contre des risques d'évasion prend le pas sur le droit à la vie privée et familiale.

Dans l'hypothèse d'une remise d'un délinquant en vertu d'un mandat d'arrêt européen, le droit au respect de la vie privée et familiale fera l'objet d'un contrôle par la chambre de l'instruction - peu exigeante - puisque devant procéder à un examen rapide ne permettant pas un contrôle approfondi. *Quid* alors lorsqu'il s'agira de fait de terrorisme ? Ainsi après avoir examiné dans un premier temps la question du droit à la vie familiale dès lors qu'il est question de la remise d'un terroriste, nous verrons dans un second temps

---

[10] Il en va ainsi de restrictions quant à la correspondance.

[11] CEDH, *Guimon c. France* du 11 avril 2019, n° 48798/14.

[12] CEDH 28 sept. 2000, *Messina c/ Italie* [n° 2], n° 25498/94 § 61.

[13] La réinsertion implique un maintien des liens avec l'extérieur et la famille en particulier : V. J.-P. Céré, *Rep. pénal. Dalloz*, *v°* Prison [normes européennes], n°s 63 s.

l'autre versant de la médaille à savoir la problématique aujourd'hui sensible du rapatriement des djihadistes français et de leurs enfants, sous le prisme de ce droit à la vie familiale notamment de ces enfants, invoqué par les membres de la famille élargie.

I. Droit à la vie familiale et remise d'un terroriste

Le droit à la vie privée et familiale étant visé par l'article 8 de la Convention européenne des droits de l'homme, « la Cour de cassation met en œuvre un contrôle rigoureux du respect de la vie privée et familiale »[14] dès lors qu'il s'agit de remettre un individu en vertu d'un mandat d'arrêt européen. Qu'en est-il de ce droit lorsqu'il s'agit de faits de terrorisme ? La question des anciens terroristes italiens d'extrême gauche condamnés par la justice de leur pays pour des crimes de sang pendant les « années de plomb » (1969-1982)[15] - installés en France et réclamés par Rome - est réapparue en pleine lumière depuis qu'Emmanuel Macron a décidé de faire droit à dix demandes d'extradition adressées de longue date par différents gouvernements italiens. La chambre criminelle de la Cour de cassation a ainsi eu l'occasion de rendre une décision qui fera date[16].

---

[14] Juliette Lelieur, *Rep. pénal Dalloz*, V° Mandat d'arrêt européen, 2017, n°421.

[15] De 1969 à 1982, la démocratie italienne dut affronter deux terrorismes, l'un néofasciste, l'autre d'extrême gauche, qui ont fait des centaines de victimes. Aldo Moro, président du Conseil pressenti, a enlevé, séquestré pendant 55 jours puis assassiné par des Brigades rouges au printemps 1978. En 1982, juges et policiers italiens avaient réussi à démanteler les Brigades rouges et d'autres réseaux terroristes moins célèbres. Ceux de leurs membres qui n'étaient pas déjà arrêtés, de même que certains « autonomistes », ont pris la fuite, souvent vers la France.

[16] Cass. Crim. 28 mars 2023, n°22-84382.

A. La remise d'un individu et son droit à la vie familiale

Un étranger installé sur notre sol – notamment de longues dates – peut mener une vie familiale qui sera impactée si une procédure d'extradition ou de remise en vertu d'un mandat d'arrêt européen le concerne, voire aboutit notamment à une incarcération dans un autre pays. Puisque le droit à la vie privée et familiale est garanti par l'article 8 de la CEDH, les différentes juridictions ont été amenées à répondre à la question de savoir si ce droit s'oppose à une extradition ou à une remise, autrement dit est-ce un obstacle à des poursuites pénales ou une condamnation à l'étranger ? Alors que le Conseil d'État a toujours répondu par la négative[17], la Cour de cassation a toujours ménagé à l'inverse cette possibilité. Si jusqu'à présent, il n'y avait « pas d'exemple où une demande d'extradition a été rejetée, parce qu'elle causait une atteinte disproportionnée au droit au respect de la vie familiale[18] », la Haute juridiction a opté pour la voie de la sagesse[19] concernant les Brigadistes rouges, validant l'analyse des juridictions du fond refusant l'extradition - notamment au regard d'une atteinte disproportionnée au droit à la vie familiale- et n'opérant qu'un contrôle *a minima*.

Au demeurant, si elle opère un contrôle en la matière dès lors qu'il s'agit d'un mandat d'arrêt européen, c'est

[17] V. ainsi CE 17juillet 2013, req. n°365437.

[18] Didier Rebut, *Droit pénal international*, Dalloz, 4è éd. 2022, n°292. Cass. Crim. 15 novembre 2016, n°16-85335 : l'arrêt d'une chambre de l'instruction ne satisfait pas aux conditions essentielles de son existence légale en ne répondant pas à l'argument faisant valoir que l'extradition serait de nature à porter une atteinte disproportionnée au droit à la vie privée et familiale.

[19] V. *infra* note 16.

notamment parce que le préambule de la décision-cadre[20] réaffirme son attachement aux droits fondamentaux au sein des relations unissant les États membres de l'Union, et cela alors même que le droit à la vie privée et familiale n'apparait pas dans le Code de procédure pénale sous les articles 695-22 à 695-24, explicitant les cas de refus d'exécution d'un mandat d'arrêt européen. C'est ainsi qu'au visa de l'article 593 du Code de procédure pénale, la Cour de cassation a reproché à une chambre de l'instruction d'avoir décidé de l'exécution d'un mandat d'arrêt européen à l'encontre d'une mère installée avec ses cinq enfants en France sans vérifier si la remise de cette personne ne constituait pas une atteinte disproportionnée au droit au respect de la vie privée et familiale[21].

Si les décisions faisant prévaloir le droit à la vie privée et familiale sur l'exécution d'un mandat d'arrêt européen sont peu nombreuses, elles ont néanmoins le mérite d'exister. En 2015, la Cour de cassation rejette ainsi le pourvoi d'un Procureur général formé contre une décision de refus d'exécution d'un mandat d'arrêt européen ne reposant sur aucun motif légal de refus d'exécution, mais qui portait une atteinte disproportionnée au droit au respect de la vie privée et familiale[22]. C'est ensuite par un arrêt de cassation en 2016 qu'elle censure une décision de remise vers les Pays-Bas au visa des articles 8 de la Convention européenne des droits de l'homme, 593 et 695-22 du Code de procédure pénale[23]. « La cassation est explicitement fondée sur les droits fondamentaux tels que consacrés par la Convention

---

[20] Décision-cadre 2002/584/JAI du 13 juin 2002.

[21] Crim. 12 mai 2010, n° 10-82.746, Bull. crim. n° 86 ; *RSC* 2011. 469, obs. B. Aubert ; *Procédures* 2010. Comm. 386, obs. J. Buisson ; *RPDP* 2011. 203, obs. D. Chilstein ; *AJ pénal* 2010. 408, obs. J. Lasserre Capdeville.

[22] Crim. 5 mai 2015, n° 15-82.108, *RSC* 2015. 906, obs. F. Cordier ; *AJ pénal* 2015. 611, obs. T. Herran.

[23] Crim. 12 avr. 2016, n° 16-82.175, bull. n°132.

européenne des droits de l'homme et il ne paraît plus nécessaire à la chambre criminelle de se référer à l'article 1er, § 3, de la décision-cadre nº 2002/584/JAI[24] ».
Au final, la chambre criminelle de la Cour de cassation a déjà refusé la remise d'un étranger à un autre État au motif d'une atteinte disproportionnée au droit au respect de la vie privée et familiale – au terme de la mise en œuvre d'une procédure visant à un mandat d'arrêt européen. Elle vient d'en avoir l'occasion pour la première fois en matière extraditionnelle[25], au terme de sa décision concernant la remise des Brigadistes rouges à l'Italie après que la Cour d'appel de Paris ait rendu un avis défavorable à ces extraditions, invoquant, en particulier, le droit au respect de la vie familiale[26].

B. La remise des Brigadistes rouges

Le temps a passé. Les anciens terroristes ont refait leur vie et observé, à l'exception de Cesare Battisti, une grande discrétion. Côté italien, depuis 1985, la volonté politique d'obtenir l'extradition de ces condamnés pour crime a été réelle mais intermittente. Aussi, en avril 2021, dix anciens activistes italiens âgés de soixante-trois à soixante-dix-huit ans ont été interpellés par la sous-direction anti-terroriste (SDAT). Les faits qui leur sont reprochés remontent à plus de quarante ans, et leurs condamnations à une trentaine d'années. Ces hommes et ces femmes se sont réfugiés en France il y a plusieurs décennies, et notre pays s'était alors engagé, par la voix de son président de la République François Mitterrand, à ne jamais les extrader.
Cette « *doctrine Mitterrand* », décidée en plein accord avec l'Italie, et officialisée en 1985, prescrivait de ne pas

[24] Juliette Lelieur, *op. cit.* n°416.
[25] V. *infra* note 16.
[26] Chambre de l'instruction de la CA de Paris, 29 juin 2022.

extrader les condamnés qui avaient « rompu avec la machine infernale dans laquelle ils s'étaient engagés » « à l'exception toutefois, nous dit-on, de ceux qui se seraient rendus coupables de crime de sang. En reprenant précisément les déclarations de François Mitterrand (..) force est de constater que l'exception en question est loin d'avoir été clairement posée[27] ». Pour François Mitterrand, « *ce qui importe avec le terrorisme n'est pas tant de savoir comment on y entre, mais plutôt de savoir comment on en sort* ».

Après quarante années passées sur le territoire français, aucun n'a eu affaire à la justice : ils ont travaillé et sont aujourd'hui retraités, parents, grands-parents. En cas d'extradition vers l'Italie, ils seraient immédiatement incarcérés dans des prisons de haute sécurité et placés sous le régime carcéral réservé, notamment, aux individus condamnés pour terrorisme. Ils termineront leur vie entre ces murs et laisseront derrière eux des familles entières.

La protection qui a été accordée à des centaines d'Italiens dans les années 1980 se transforme donc, quatre décennies plus tard et pour dix d'entre eux, en piège à destination de l'Italie vers « une justice qui incarcère des vieillards condamnés en leur absence trente ou quarante ans plus tôt, qui ne s'expliqueront jamais devant aucun juge et finiront leur vie dans des prisons de haute-sécurité[28] ».

C'est ainsi que dans un contexte particulièrement tendu – et alors même que de nombreuses voix se sont élevées pour appeler à l'apaisement et « à se défier des aspirations justicières qui gangrènent ces procédures d'extradition en

---

[27] Marie Dosé, *Éloge de la prescription*, Ed. de L'Observatoire, 2021, p.53.

[28] Marie Dosé, *op. cit.* p.60.

les instrumentalisant [29]» - la Cour d'appel de Paris a rendu un avis défavorable à leur extradition le 29 juin 2022 au visa des articles 8 et 6 de la CEDH. La Cour d'appel s'est fondée sur trois arguments rappelant d'abord la double fonction de la peine : réinsertion autant que punition. En l'occurrence, ces dix individus ne possèdent plus d'attaches en Italie, vivent et travaillent en France depuis trente ou quarante ans, sachant que l'un d'eux a même acquis la nationalité française et renoncé à sa nationalité italienne. Ensuite, leur insertion continue au sein de la société française permet à la Cour d'appel d'affirmer que l'extradition constituerait, sur le fondement de l'article 8 de la Convention de sauvegarde des droits de l'homme et des libertés fondamentales, une atteinte disproportionnée à leur droit au respect de leur vie privée et familiale. Enfin, au regard de l'article 6 de la même Convention, la Cour d'appel affirme que l'Italie n'a pas donné de garanties suffisantes permettant de s'assurer que ces dix individus pourront, une fois revenus dans leur pays, bénéficier d'un nouveau procès équitable.

Sur pourvoi du Parquet général formé le 4 juillet 2022, la Cour de cassation s'est prononcée le 29 mars 2023 à la fois sur le droit à un procès équitable d'un de nos plus proches partenaires européens et sur le respect au droit à la vie privée et familiale qui, pour la première fois, fait obstacle à une demande d'extradition[30]. De fait, le rejet du pourvoi par la Haute juridiction a mis fin à cette procédure, car ici le pouvoir judiciaire l'emporte sur l'appréciation politique[31] -

---

[29] Tribune *Le Monde* 3 avril 2022 signée par 61 avocats : « Pourquoi nous, avocats, dénonçons les récentes procédures d'extradition visant une dizaine d'Italiens insérés en France depuis des décennies ».

[30] V. *infra* note 11. La décision de la Cour de cassation a été rendue sur avis conforme de l'Avocat général (avis de rejet du pourvoi).

[31] Le contrôle par la chambre de l'instruction concerne l'ensemble des conditions légales de l'extradition. Son avis (ici défavorable) peut faire l'objet d'un pourvoi en cassation au terme de l'article 696-15 du Code

il s'agit en l'occurrence des droits fondamentaux de la personne humaine.
« Le temps judiciaire, un instrument politique[32] ». Trop souvent lorsqu'il s'agit de terrorisme. Il en va ainsi pour les Brigadistes rouges, il en va ainsi pour les djihadistes français et leurs familles détenus au Levant.

II. Droit à la vie familiale et rapatriement des djihadistes

En mars 2019, lorsque tombe officiellement l'État islamique, la doctrine de la France paraît presque aussi claire que celle de l'opinion publique, encore traumatisée : hors de question de rapatrier les ressortissants français partis avec armes et bagages, femmes et enfants, se battre sous la bannière de l'État Islamique, en Irak et en Syrie. La France est en effet confrontée à une double réalité des plus triviales ; la première est celle du contingent de Français partis pour la zone irako-syrienne à partir de 2012 : avec 1450 individus, elle est le deuxième pays au monde après la Tunisie. Ensuite, la France représente surtout le premier contingent européen. Cette migration mortifère de masse pose ainsi la question de la capacité du pays à prendre en charge ses « returnees», tant sur le plan pénitentiaire que judiciaire. À partir de là se posent deux questions : pourquoi les juger en France et comment les juger en France ? Jusque récemment, les revenants arrivaient au compte-goutte, clandestinement ou par le protocole Cazeneuve, qui permet

---

de procédure pénale. La chambre criminelle opère alors un contrôle sur les vices de forme de cet avis mais également les conditions de fond de l'extradition. Sur l'ensemble de la question, V. Didier Rebut, *op. cit.* n°357 ; Delphine Brach-Thiel, *Rep. pénal Dalloz*, V° Extradition, 2018, n°296 et s.

[32] Marie Dosé, *op. cit.* p.52.

leur extradition depuis la Turquie. Pour le reste – et notamment les hommes -, la France se retranchait derrière une forme de droit pénal international : tous ces individus doivent être jugés et punis par les pays où ils ont commis leurs exactions. En l'occurrence, une soixantaine d'hommes ont été jugés par les justices syrienne et irakienne[33]. Pour autant, des dizaines de femmes et des centaines d'enfants français sont depuis plusieurs années retenus dans des camps, sans droit ni titre et dans des conditions sanitaires dramatiques les exposant quotidiennement à la violence, les tortures et la maltraitance, sans oublier l'absence de soin et d'éducation pour les enfants. C'est sous l'impulsion des familles de ces Français et de leurs avocats qu'un combat s'est engagé pour obliger le gouvernement français à rapatrier *a minima* toutes les femmes et leurs enfants. Dans ce contexte, le Collectif des Familles Unies – réunissant notamment des grands-parents d'enfants retenus dans le camp de Roj - a

---

[33] Le Kurdistan syrien n'est pas un État constitué, mais tout au plus une zone contrôlée par les Kurdes. Concernant l'Irak, la France a toujours considéré que la justice irakienne, aussi imparfaite soit-elle, était souveraine. Pour autant, il n'y a pas de convention d'extradition entre la France et l'Irak. Donc, en l'absence d'un droit conventionnel et dans le respect de la hiérarchie des normes, ce sont alors les dispositions du code de procédure pénale qui doivent trouver à s'appliquer – plus strictes en la matière.
En février 2019, des Français soupçonnés d'appartenance à l'État Islamique ont été transférés depuis le Nord-Est syrien vers l'Irak afin d'y être jugés pour des faits de terrorisme. Onze d'entre eux ont été jugés entre mai et juin 2019 dans des conditions indignes, parfois en 30 minutes et ensuite condamnés à mort par la Cour pénale centrale de Bagdad. Ce précédent démontre, au-delà même du maintien de la peine de mort, qui constitue en soi un motif majeur d'opposition, l'absence totale des garanties minimales du procès équitable et l'opacité totale des conditions du transfèrement de la Syrie vers l'Irak.
Sur l'ensemble de la question, V. Didier Rebut, *op. cit.* n°326 et s.

formé un recours devant la CEDH aboutissant à la condamnation de la France[34].

La Commission Nationale Consultative des Droits de l'Homme considère quant à elle - à l'instar des rapporteurs spéciaux des Nations-Unies[35] - que le rapatriement des combattants terroristes étrangers est la seule réponse adéquate au regard des droits de l'Homme et de la situation sécuritaire tant au Moyen-Orient qu'en Europe[36]. Elle a

---

[34] CEDH 14 sept. 2022 H.F et autres c/Fr. Cet arrêt trahit un compromis : tout en confirmant la « *"conventionnalité d'exception"* propre à la lutte contre le terrorisme » dénoncée par Frédéric Sudre, la Cour témoigne également de son pragmatisme en n'imposant pas à l'État français l'humiliation d'une condamnation pour traitements inhumains et dégradants, inévitable si la juridiction française avait été reconnue. Elle préserve ainsi la possibilité pour l'État français d'organiser un rapatriement progressif de ses ressortissants.

[35] V. Submission by the UN Special Rapporteur on the promotion and protection of human rights and fundamental freedoms while countering terrorism and the UN Special Rapporteur on arbitrary, summary and extra-judicial executions in the case of H.F. and M.F. v. France (Application no. 24384/19) before the European Court of Human Rights. V. aussi Rapport de la Rapporteuse spéciale sur la promotion et la protection des droits de l'homme et des libertés fondamentales dans la lutte antiterroriste, Fionnuala Ní Aoláin, A/75/337, 3 septembre 2020, § 37 : « la Rapporteuse spéciale a toujours indiqué que le retour et le rapatriement en urgence des combattants étrangers et de leurs familles présents dans des zones de conflit constituaient la seule réponse conforme en droit international à la situation complexe et précaire en termes de droits de l'homme, d'aide humanitaire et de sécurité à laquelle sont confrontés les femmes, les hommes et les enfants détenus dans des camps surpeuplés, des prisons ou ailleurs dans le nord-est de la République arabe syrienne et en Iraq ».

[36] La situation sécuritaire dans le Kurdistan syrien reste très instable. Les Forces Démocratiques Syriennes (FDS) ont, à plusieurs reprises, alerté sur la multiplication des « cellules dormantes » armées de l'EI et le danger que représentent les centres de détention abritant des djihadistes de différentes nationalités. Rappelons que l'une des stratégies de l'EI est d'attaquer les centres de détention abritant des djihadistes de différentes nationalités. Ainsi, dans la nuit du 20 au 21 janvier 2022, l'attaque de la prison de Ghwayran à Hassaké aurait fait

recommandé dans son avis consultatif du 17 février 2022 à la France de procéder le plus rapidement possible au rapatriement de ses nationaux afin qu'ils soient jugés par les juridictions françaises conformément aux règles régissant le procès équitable. Ce rapatriement s'impose d'autant plus que leur jugement est la seule manière de lutter efficacement contre l'insécurité et l'impunité en les faisant répondre pleinement de leurs actes.
Enfin dernièrement, le Comité contre la torture a condamné la France[37] pour ne pas avoir rapatrié les Françaises détenues dans les camps du nord-est de la Syrie. Le comité avait été saisi – ici encore – par les familles de ces femmes et enfants, considérant que la France violait les articles 2 et 16 de la Convention contre la torture et les traitements inhumains ou dégradants.

A. État de la situation

Trente-deux enfants et quinze femmes françaises ont été rapatriés des camps syriens vers la France le 24 janvier 2023 – quelques jours après la condamnation de la France par le comité contre la torture des Nations-Unies - ce qui porte à 295 le nombre de mineurs de retour de la zone irako-syrienne. Une centaine d'enfants français sont toujours détenus dans un camp de prisonniers en Syrie, parfois depuis quatre ou cinq années. Ils sont détenus avec leur

---

des centaines de morts et aurait permis l'évasion de dizaines de prisonniers. Le *statu quo* présente donc un danger, non seulement pour la zone irako-syrienne mais également pour la France et l'Europe, les dernières années ayant montré la gravité des attentats organisés depuis la Syrie sur le sol européen.

[37] Le comité contre la torture des Nations-Unies a adopté lundi 16 janvier 2023 un texte dénonçant la politique française de rapatriement au compte-goutte. Il considère que l'attitude de la France constitue une violation de la Convention contre la torture dont elle est signataire. Décision du 19 janvier 2023.

mère, sans protection, ni soin ou éducation. L'immense majorité des enfants européens restant à ce jour est au demeurant française : la France est devenue lanterne rouge de l'Europe pour la protection de l'enfance.

Il s'est agi de la troisième opération de rapatriement d'ampleur organisée par la France après celle du 5 juillet 2022 – ayant abouti au rapatriement de 16 mères et 35 mineurs - et celle du 20 octobre 2022 qui avait permis le retour de 10 femmes et de 40 enfants.

Sur les dix femmes rapatriées le 20 octobre 2022, neuf ont été mises en examen pour association de malfaiteurs terroriste criminelle et placées en détention provisoire. L'une d'entre elles a également été mise en examen pour crimes contre l'humanité et génocide. Certaines ont également été mises en examen pour soustraction par un parent à ses obligations légales compromettant la santé ou la sécurité de son enfant. Seule une jeune femme, âgée de 19 ans, emmenée dans la zone irako-syrienne lorsqu'elle était enfant, a fait l'objet « d'une prise en charge éducative, aucun élément n'ayant à ce stade permis de requérir sa mise en examen ».

Sur les quinze femmes rapatriées le 24 janvier 2023 - âgées de 19 à 56 ans - quatre ont été mises en examen pour association de malfaiteurs terroriste criminelle et l'une également pour financement d'acte de terrorisme. Leur profil – des femmes d'émirs, vétérans de la première heure - inquiète les autorités. On y trouve également quatre jeunes femmes emmenées sur zone par leurs parents faisant l'objet d'une prise en charge spécifique[38]. Concernant les mineurs,

---

[38] Par exemple, une orpheline de 19 ans emmenée par ses parents à l'âge de 11 ans ou encore une femme de 24 ans arrivée en Syrie à l'âge de 15 ans.

seuls trois d'entre eux ont plus de 13 ans actuellement et l'un d'entre eux a été judiciarisé. On y trouve également un garçon de 13 ans – kidnappé par son père à l'âge de 6 ans et emmené sur zone - dont la mère attend son retour en France depuis plusieurs années.
Lorsque les mères et les enfants sont rapatriés, les adultes sont mises en examen et incarcérés et les enfants sont placés à l'Aide sociale à l'enfance. Dès l'atterrissage de l'avion à Paris, les mères sont immédiatement séparées de leurs enfants et remises aux autorités judiciaires compétentes. Si elles font l'objet d'un mandat de recherche, elles sont placées en garde à vue et si elles font l'objet d'un mandat d'arrêt, elles sont placées directement en détention. Pour les enfants, le parcours est plus sinueux : le parquet parisien centralise les premières informations, vérifie l'existence d'une procédure d'assistance éducative auprès du dernier domicile connu en France ; il peut prendre en urgence une ordonnance de placement provisoire pour confier la charge du mineur à un service de l'Aide sociale à l'enfance. Des services et des assistants familiaux sont spécialement formés pour l'accueil des enfants de retour de zones d'opérations terroristes. Le juge des enfants est également saisi par le parquet, et ordonnera la plupart du temps une Mesure judiciaire d'investigation éducative confiée à la Protection judiciaire de la jeunesse. Une fois seulement cette mesure achevée, l'enfant pourra être confié à sa famille élargie, ses grands-parents ou ses oncles et tantes, ce qui peut être une source de conflits entre les familles maternelles et paternelles. Les visites au parent incarcéré en France sont strictement encadrées en France par le juge qui donnera son autorisation ou non.
Ainsi, concernant les enfants rentrés en juillet 2022, la plupart d'entre eux n'ont pas revu leur mère à ce jour. Notons par exemple que l'Allemagne privilégie le contrôle judiciaire et le maintien des liens entre les enfants et leur

mère (ainsi que la famille élargie), alors qu'en France *de facto*, on constate une séparation des enfants avec leur mère à leur arrivée, ce qui peut être mis en relation avec le profil très inquiétant des revenantes actuelles.
Pour finir, il faut noter qu'il reste actuellement une centaine d'enfants dans le camp de prisonniers de Roj et une cinquantaine de femmes qui refusent de rentrer. Or, le refus d'être rapatriée ne saurait prévaloir sur l'intérêt supérieur de l'enfant, sachant que les autorités Kurdes refusent de rapatrier des enfants sans leur mère et que les femmes sont détenues sans droit ni titre par le Kurdistan, qui n'est pas un État et ne pourra les juger. Au demeurant, toutes les femmes encore présentes sur zone font l'objet d'un mandat d'arrêt international ou d'un mandat d'amener. Aussi, rien ne s'oppose juridiquement à leur rapatriement.

B. Le jugement en France des djihadistes actuellement détenus au Levant

Les femmes et les hommes seront poursuivis et jugés pour des actes de terrorisme accompli à l'étranger - dans la grande majorité des hypothèses - en fonction de leur degré de participation, qui devra être établi au cas par cas. L'incrimination retenue sera le plus souvent celle d'association de malfaiteurs en relation avec une entreprise terroriste. Surtout, ils peuvent être jugés en France pour des actes commis à l'étranger, en s'appuyant sur plusieurs titres de compétence pénale énoncés dans le livre premier du Code pénal[39].

---

[39] Voir également la « résolution sur les combattants étrangers » adoptée par les Nations-Unies, le 24 septembre 2014. Celle-ci exige que tous les États membres « *veillent à ce que la qualification des infractions pénales dans leur législation et leur réglementation internes permette, proportionnellement à la gravité de l'infraction, d'engager des poursuites et de réprimer (..) leurs nationaux qui se rendent ou*

Dans différentes hypothèses, l'infraction aura débuté sur le territoire français par la commission d'un ou plusieurs faits constitutifs, notamment lorsque la personne prépare son départ vers les zones de combat[40] depuis la France. Nous sommes alors compétents pour exercer notre compétence territoriale, que l'on trouve énoncée sous l'article 113-2 du Code pénal[41]. Peu importe que l'intégralité des faits poursuivis n'ait pas été accomplie sur notre sol. Un seul fait constitutif en France suffira au terme d'une jurisprudence extensive de la Cour de cassation[42]. Si néanmoins aucun fait constitutif de l'infraction ne peut être établi sur notre sol, le juge judiciaire devra alors établir notre compétence au moyen des titres de compétences extraterritoriales énoncés dans le Code pénal.

La compétence personnelle active[43] permet ainsi de juger en France les infractions commises à l'étranger par des Français. Néanmoins – au cas de délit [44]- l'exercice de notre compétence personnelle active est enfermé dans des

---

tentent de se rendre dans un État autre que leur État de résidence ou de nationalité ».

[40] Il suffirait par exemple qu'un billet d'avion ait été acheté en France pour se rendre à l'étranger en vue d'y suivre un entraînement dans un groupement extrémiste pour que la loi pénale française puisse s'appliquer, et plus particulièrement notre compétence territoriale.

[41] Art. 113-2 al 2 du Code pénal : « *l'infraction est réputée commise sur le territoire de la République dès lors qu'un de ses faits constitutifs a eu lieu sur ce territoire* ».

[42] Pour une analyse extensive de cette notion ; V. Delphine Brach-Thiel, *Rep. pénal Dalloz*, V° Compétence internationale, 2017, n°114 et s.

[43] Art. 113-6 du Code pénal : *« la loi pénale française est applicable à tout crime commis par un Français hors du territoire de la République. Elle est applicable aux délits commis par des Français hors du territoire de la République si les faits sont punis par la législation du pays où ils ont été commis* ».

[44] C'est une qualification délictuelle qui sera quasi systématiquement retenue au regard des actes accomplis par les Françaises en Irak et en Syrie. En effet, la grande majorité des incriminations terroristes reste tout de même du domaine délictuel.

conditions extrêmement strictes, rendant ici son application quasi impossible. Au cas de délit, il convient en effet de remplir l'exigence de double incrimination[45], mais aussi de démontrer l'existence d'une plainte de la victime ou d'une dénonciation officielle de l'État du lieu de commission, le tout adossé à une requête du ministère public[46]. Si la condition de double incrimination pouvait ne pas constituer un obstacle dirimant jusqu'à un arrêt de la Cour de cassation du 24 novembre 2021 faisant couler beaucoup d'encre[47] – et dans l'attente de l'arrêt de l'Assemblée plénière - beaucoup plus délicates seront les exigences énoncées à l'article 113-8 du Code pénal.

Le texte impose de démontrer notamment l'existence d'une plainte de la victime ou d'une dénonciation officielle de l'État du lieu de commission. Or, comment trouver une victime, et plus précisément faire parvenir une plainte en France d'une victime de faits commis en Irak et en Syrie ? Quant à l'alternative de la dénonciation officielle, elle est peu efficiente dans la mesure où les États en question, soit encouragent les activités terroristes, soit ont rompu les relations diplomatiques avec la France, soit ne constituent

---

[45] Article 113-6 du Code pénal, V. *infra* note 38.

[46] Article 113-8 du Code pénal : « *dans les cas prévus aux articles 113-6 et 113-7 du code pénal, la poursuite des délits ne peut être exercée qu'à la requête du ministère public. Elle doit être précédée d'une plainte de la victime ou de ses ayants droit ou d'une dénonciation officielle par l'autorité du pays où le fait a été commis* ».

[47] Crim. 24 nov. 2021, n° 21-81.34, D. Rebut, *Absence de compétence universelle française pour juger les crimes contre l'humanité commis en Syrie, JCP* 2022, n° 2, p. 66, K. Mariat, *La compétence universelle peut attendre, AJ pénal* 2022. 80 ; A. Gogorza, *La compétence universelle à l'épreuve de la double incrimination, Dr. pénal* 2022, n° 1, comm. 3 ; G. Poissonier, *Crimes internationaux commis en Syrie : la Cour de cassation enterre la compétence du juge français, D.* 2022. 150 ; P. Beauvais, *Les paradoxes de la compétence universelle de la France pour juger les crimes contre l'humanité, RSC* 2022. 41.

pas un État au sens juridique du terme comme le Kurdistan Syrien.
Par conséquent – et notamment pour être bien certain de détenir l'arsenal législatif adéquat -, le législateur avait créé dès 2012[48] un nouvel article 113-13 du Code pénal[49], qui selon le gouvernement avait « *pour objet d'étendre l'application de la loi pénale française aux actes de terrorisme de nature délictuelle qui sont commis à l'étranger, dès lors qu'ils l'ont été par des ressortissants français*[50] ». Il s'agissait à l'époque déjà, de pouvoir judiciariser - sans hésitations - les Français partis s'entraîner au djihad à l'étranger. Ce texte nouveau dispose notamment que « *la loi pénale française s'applique aux crimes et délits qualifiés d'actes de terrorisme et réprimés par le titre II du livre IV, commis par un Français hors du territoire de la République (..)*[51] ». Aucune condition n'est requise sous réserve de la qualification : les crimes et délits qualifiés d'actes de terrorisme et réprimés par le titre II du livre IV du Code pénal. Mieux même, nous sommes désormais compétents concernant l'étranger qui aurait résidé habituellement sur le territoire français.
Au final et depuis dix années, nous avons donc un nouveau titre de compétence extraterritoriale se situant en dehors des

---

[48] Loi n°2012-1432 du 21 décembre 2012 relative à la sécurité et à la lutte contre le terrorisme.

[49] Voir ainsi notre article, « *Le nouvel article 113-13 du code pénal : contexte et analyse* », *AJPénal* 2013, p. 90 et s., V. aussi Julie Alix, « *Fallait-il étendre la compétence des juridictions pénales en matière terroriste ?* », *D.* 2013, p. 518.

[50] Projet de loi relatif à la sécurité et à la lutte contre le terrorisme présenté devant le Sénat en session ordinaire 2012-2013, p.5, art. 2 du projet de loi. Il est par ailleurs précisé que « *cet article comble ainsi une lacune dans la répression, tout en affirmant de façon solennelle, et par là même fortement dissuasive, qu'aucun Français n'a le droit de commettre des actes de terrorisme à l'étranger* ».

[51] Art. 113-13 du code pénal : «.. *ou par une personne résidant habituellement sur le territoire français* »,

cases traditionnelles du champ d'application de la loi pénale française dans l'espace. Aucune condition n'est requise de telle sorte que le texte s'avère parfaitement applicable aux Françaises et Français se trouvant actuellement en Syrie et en Irak. Ainsi, après avoir établi sa compétence juridictionnelle aisément, il appartiendrait à la justice française d'établir le degré d'implication de chacun et de prononcer la peine adéquate, conformément à nos principes fondamentaux et dans le respect de tous les principes directeurs du procès pénal. C'est l'honneur d'un État et d'une grande démocratie que de pouvoir juger tous ses citoyens en leur offrant nos valeurs au titre d'une protection fondamentale, et alors même qu'ils aspirent - ou ont pu aspirer - à rejeter lesdites valeurs.

1re partie : les terroristes français à l'étranger

La protection diplomatique et consulaire des terroristes français - Entre pouvoir discrétionnaire de l'État et respect des droits fondamentaux

André MOINE
Maître de conférences en Droit public
Université de Lorraine
I.R.E.N.E.E.

Le Conseil de sécurité des Nations unies affirme « qu'il faut combattre par tous les moyens, dans le respect de la Charte des Nations Unies et du droit international, notamment du droit international des droits de l'homme, du droit international des réfugiés et du droit international humanitaire applicables, les menaces que les actes de terrorisme font peser sur la paix et la sécurité internationales [...] »[52]. L'articulation nécessaire entre la lutte contre le terrorisme et le respect des droits de ceux qui le pratiquent – objet de notre réflexion commune – est ainsi posée par cette instance internationale.

Quels terroristes ? On croise, dans les études et la pratique, le terroriste, le djihadiste, le combattant étranger, le revenant, le « ressortissant » de l'Organisation État

---

[52] Conseil de sécurité des Nations unies, Résolution 2368 du 20 juillet 2017 [S/RES/2368] (notamment relative à la condamnation de État islamique d'Iraq et du Levant). Une affirmation semblable figurait déjà dans la Résolution 1456 du même organe, du 20 janvier 2003, relative à la lutte contre le terrorisme : « [...] 6. Lorsqu'ils prennent des mesures quelconques pour combattre le terrorisme, les États doivent veiller au respect de toutes les obligations qui leur incombent en vertu du droit international, les mesures adoptées devant être conformes au droit international, en particulier aux instruments relatifs aux droits de l'homme et aux réfugiés ainsi qu'au droit humanitaire [...] ».

Islamique (OEI)[53] ou le membre actif d'une autre mouvance qualifiée de terroriste… Seule la situation des Français qualifiés de terroristes (bien que n'étant souvent que présumés tels) ayant combattu dans les rangs de l'OEI sur les territoires de la Syrie et de l'Irak sera retenue, appuyée sur la définition proposée par le Conseil de sécurité de ceux qu'il désigne comme des « combattants terroristes étrangers », soit des personnes « qui se rendent ou tentent de se rendre dans un État autre que leur État de résidence ou de nationalité [...] dans le dessein de commettre, d'organiser ou de préparer des actes de terrorisme, ou afin d'y participer ou de dispenser ou recevoir un entraînement au terrorisme »[54]. Enfin, étant donné la situation actuelle dans la zone concernée, l'intérêt de la réflexion réside notamment dans le sort réservé à ces « terroristes » lorsqu'ils se trouvent sous une forme ou une autre en détention à l'étranger[55]. Parmi ces personnes détenues, peuvent être ensuite distingués le terroriste français, la terroriste française, la terroriste française avec enfant[56], la femme de terroriste[57], la femme de terroriste avec enfant,

---

[53] Organisation état Islamique, désigné également état islamique en Iraq et au Levant (EIIL) ou Daech (acronyme du nom arabe de cette organisation, *Dawla al-islâmiya fi-l-'Irâq wa*-ach-Shâm).

[54] Conseil de sécurité des Nations unies, Résolution 2178 du 24 septembre 2014, § 6, a.

[55] Thème qu'il m'a été proposé de traiter par l'organisatrice de cette réflexion commune, je l'en remercie. Voir, pour la situation de ces terroristes lorsqu'ils sont incarcérés en France, les développements proposés par d'autres intervenants.

[56] Le terroriste français avec enfant intéresse peu, sans doute – on l'espère – parce qu'en pratique les enfants vivent avec leur mère dans les camps.

[57] Il semble qu'il n'y ait pas de mari de terroriste non terroriste lui-même. Il semble qu'il n'y ait pas non plus d'autres modalités d'association familiale telle que l'union libre ou *a fortiori* l'union de personnes de même sexe. Sans doute, parce que les convictions

l'enfant de terroriste, l'enfant de femme de terroriste, l'enfant orphelin, notamment de mère. Au vu de l'intitulé de cette partie de notre réflexion commune, « Les terroristes français à l'étranger », seule la situation des terroristes[58] sera analysée (et non celle de leur femme ou de leurs enfants, dont la situation est évidemment différente en droit sinon en fait dès lors qu'ils ne sont pas des terroristes, ni présumés ni avérés).

Quels droits ? Différents textes sont applicables à cette situation et leurs interprètes potentiels sont nombreux. Sont susceptibles d'être appliqués, la Convention sur les relations diplomatiques (1961), la Convention sur les relations consulaires (1963), le Droit international humanitaire (notamment les deux protocoles additionnels aux Conventions de Genève)[59], le Droit international et européen des droits de l'homme ou encore la Convention des Nations unies sur les droits de l'enfant. Sont susceptibles d'en être les interprètes à des titres divers, le Conseil de sécurité des Nations unies, l'Assemblée générale des Nations unies, le Secrétaire général des Nations unies, le Comité des droits de l'homme, la Cour européenne de

---

religieuses de ces personnes sont *a priori* incompatibles avec ces modalités.

[58] *NB* : le respect de la présomption d'innocence imposerait l'ajout systématique de « présumé » après le terme de terroriste du fait que beaucoup d'entre eux n'ont pas été jugés même si, selon la définition précitée du Conseil de sécurité, les seules tentative ou intention suffisent à cette qualification.

[59] Les deux protocoles additionnels aux Conventions de Genève interdisent, par exemple, les « actes ou les menaces de violence dont le but principal est de répandre la terreur parmi la population civile. » Voir l'article 51, paragraphe 2 du Protocole additionnel aux Conventions de Genève du 12 août 1949 relatif à la protection des victimes des conflits armés internationaux (Protocole I), 8 juin 1977 et l'article 13, paragraphe 2 du Protocole additionnel aux Conventions de Genève du 12 août 1949 relatif à la protection des victimes des conflits armés non internationaux (Protocole II), 8 juin 1977.

droits de l'homme, le Comité droit de l'enfant, le Comité contre la torture des Nations Unies, le Conseil des droits de l'homme de l'ONU (et la Haut-Commissaire aux droits de l'homme), voire la Cour internationale de justice ou la Cour pénale internationale. Juridictions et instances internationales auxquelles s'ajoutent, dans l'ordre interne, le Gouvernement, le Ministère de l'Europe et des Affaires étrangères, le Conseil constitutionnel, le Conseil d'État, la Cour de cassation et encore le Défenseur des droits ou la Commission consultative nationale des droits de l'homme. Donnent également des avis ou mènent des actions juridiquement motivées, des organisations telles Human rights watch, Amnesty international ou certaines associations françaises, les avocats, l'opinion publique et… nous, membres de la doctrine.

Un certain nombre de Français partis combattre auprès de l'OEI sont donc aujourd'hui détenus à l'étranger. Pour le Ministère de l'Europe et des Affaires étrangères, répondant en 2019 à une question écrite, « La France a [...] une position constante en faveur d'une détention sûre et durable de tous les combattants de Daech, y compris les ressortissants français qui ont rejoint cette organisation et leur judiciarisation au plus près des lieux où ces hommes et ces femmes ont commis leurs crimes. Les partenaires européens de la France ont confirmé avoir la même position »[60]. Il s'agit donc d'une « position », c'est-à-dire d'un choix politique, consistant à ce que les djihadistes français soient de préférence jugés et détenus, voire seulement détenus, ailleurs qu'en France. Cependant, cette dernière a inscrit dans son ordre juridique des libertés et droits fondamentaux de valeur constitutionnelle et s'est

---

[60] Réponse du Ministère de l'Europe et des affaires étrangères, JO Sénat du 19/12/2019, p.6275 à la Question écrite n° 13093 de M. Sébastien Meurant.

engagée à respecter ceux qui figurent dans les conventions internationales qu'elle a ratifiées or certains de ces droits fondamentaux pourraient être invoqués en l'occurrence par ces détenus. Quelle est dès lors l'évaluation juridique de l'articulation retenue ou susceptible de l'être entre ces deux ambitions potentiellement contradictoires ?
La France pourrait-elle ou devrait-elle exiger le respect des droits de « l'homme terroriste » par ceux qui le détiennent et à défaut tenter d'en organiser le rapatriement aux fins de leur respect ? Le raisonnement complexe suivi par la Cour européenne dans l'arrêt H.F.[61], aboutissant à la seule identification d'un lien juridictionnel (cf. *infra*), témoigne de l'absence de réponse positive juridique simple à cette interrogation. Cependant, selon une analyse élémentaire, l'attitude la France n'est en l'occurrence généralement pas contraire au droit international mais elle pourrait œuvrer davantage et utilement en faveur du respect des droits de l'homme de ses ressortissants terroristes.
Dès lors, la protection que peut ou doit offrir la France à ses ressortissants, fussent-ils convaincus de terrorisme, (1) et l'éventualité de leur rapatriement en France (2) seront examinées au vu des droits de l'homme susceptibles d'être invoqués par ces « terroristes français à l'étranger ».

1. Une protection diplomatique ou consulaire des terroristes justifiée par leurs droits fondamentaux

L'exercice de la protection diplomatique ou consulaire en faveur de terroristes (1.1.) – présumés ou avérés – devrait tenir compte des droits de l'homme dont ils bénéficient (1.3) ; les différentes situations dans lesquelles ils se

[61] CEDH, 14 septembre 2022, *Affaire H.F. et autres c. France*, n°24384/19 et 44234/20.

trouvent limitant cependant considérablement cette potentielle assistance (1.2.).

1. 1. Le caractère discrétionnaire des protections diplomatique et consulaire

La protection diplomatique suppose pour son exercice une violation du droit international, c'est-à-dire la commission d'un acte illicite qui entraine la responsabilité de l'État auteur de la violation et, le cas échéant, la protection par un État de son ressortissant, victime de ce manquement. Dans la jurisprudence internationale, la violation des droits de l'homme n'entre pas dans les hypothèses d'illicéité justifiant le déclenchement de la protection diplomatique. Cependant, dans un arrêt de 2007[62], la Cour internationale de justice identifie une évolution possible en ce sens et la Commission du droit international considère à cet égard qu'il existe « certaines pratiques, retenant la violation des droits de l'homme comme cause de la mise en jeu de la protection diplomatique, mais qui n'ont pas encore acquis le statut de règles coutumières [...] ». Ces juristes internationaux considèrent cependant que « ces pratiques sont néanmoins souhaitables, et elles constituent des attributs nécessaires de la protection diplomatique, renforçant celle-ci en tant qu'instrument de protection des droits de l'homme (...) »[63]. Donc, pour l'instant, si une telle pratique est éventuellement possible, elle n'est pas obligatoire. D'autant plus, et c'est l'essentiel, qu'en droit international, la protection diplomatique est un pouvoir discrétionnaire de l'état de nationalité. La Cour

---

[62] Cour internationale de justice, 24 mai 2007, *Ahmadou Sadio Diallo (République de Guinée c. République démocratique du Congo)*.

[63] Rapport de la Commission du droit international relatif au « Projet d'articles sur la protection diplomatique », 2006, Commentaire sur l'article 19, p. 54.

internationale de justice, dans l'arrêt Barcelona Traction (1970), souligne que « le législateur national peut imposer à l'État l'obligation de protéger ses citoyens à l'étranger. Il peut également accorder aux citoyens le droit d'exiger que cette obligation soit respectée et assortir ce droit de sanctions » mais que « toutes ces questions restent du ressort du droit interne et ne modifient pas la situation sur le plan international »[64]. La Cour ajoute : « L'État doit être considéré comme seul maître de décider s'il accordera sa protection, dans quelle mesure il le fera et quand il y mettra fin. Il possède à cet égard un pouvoir discrétionnaire dont l'exercice peut dépendre de considérations, d'ordre politique notamment, étrangères au cas d'espèce. Sa demande n'étant pas identique à celle du particulier ou de la société dont il épouse la cause, l'État jouit d'une liberté d'action totale [...] »[65]. L'affirmation est claire : la France n'est pas obligée juridiquement de faire jouer sa protection diplomatique en cas de violation des droits fondamentaux de ses ressortissants. Un tel recours à la protection diplomatique, non obligatoire, pour défendre les droits fondamentaux de « terroristes » semble dès lors, dans les circonstances politiques actuelles, très peu probable.

Si l'exercice de la protection diplomatique est donc un pouvoir discrétionnaire, celui de la protection consulaire, bien que plus encadré dans ses modalités, est également à la discrétion des autorités de l'état du national et, de plus, très limité par la souveraineté de l'État d'accueil. Comme l'affirme, le 1er novembre 2022, Catherine Colonna, Ministre de l'Europe et des Affaires étrangères dans une réponse à une question écrite d'une députée : « La protection consulaire n'a pas pour objet de se prononcer sur

---

[64] Cour internationale de justice, 5 février 1970, *Affaire de la Barcelona traction light and power company limited*, § 78.

[65] *Ibidem*, § 79.

le caractère arbitraire d'une détention, ou sur le bien-fondé d'une procédure judiciaire. Elle s'exerce dans le respect de la souveraineté des États concernés et avec la neutralité qui s'impose au traitement des affaires judiciaires impliquant des ressortissants français à l'étranger »[66]. La ministre précise par ailleurs que, détention arbitraire ou pas, l'ensemble des ressortissants français placés en détention à l'étranger reçoivent « des visites consulaires régulières qui permettent de s'assurer de leurs conditions de détention, de leur prise en charge médicale et du respect de leurs droits à la défense »[67].

La jurisprudence internationale en la matière ne concerne généralement que les obstacles ou les manquements que l'État de résidence peut commettre à cet égard et non d'une revendication du national concerné[68]. Toutefois, la Cour européenne des droits de l'homme aurait pu se prononcer sur la question. Devant elle, M. Aarrass prétendait « que l'État belge avait enfreint l'obligation positive qu'il avait de lui accorder la protection consulaire pour mettre un terme aux atteintes graves à l'intégrité physique et morale qu'il avait subies lors de son incarcération au Maroc ». Mais la Cour, relevant que « les autorités belges [n'étaient] pas restées passives ou indifférentes » et qu'elles avaient « en pratique, à plusieurs reprises [...] effectué des démarches auprès des autorités marocaines », a estimé que, « à supposer qu'une obligation positive d'intervenir puisse être déduite de l'article 1er combiné avec l'article 3 de la Convention, la requête est manifestement mal fondée et doit

---

[66] Réponse du ministère de l'Europe et des Affaires étrangères publiée au JO le 01/11/2022, p. 5086 à la Question N° 708 de Mme Amélia Lakrafi, publiée au JO le 09/08/2022, p.3719.

[67] *Ibidem.*

[68] Voir notamment à ce sujet Cour internationale de justice, 17 juillet, 2019, *Jadhav (Inde c. Pakistan)* et Cour internationale de justice, 27 juin 2001, *Lagrand (Allemagne c. USA).*

être rejetée »[69]. Donc la CourEDH ne fournit pas de réponse, en l'espèce, sur l'hypothèse proposée d'obligations positives en matière de protection consulaire. Reste que, quoi qu'il en soit, ces éventuelles obligations positives seraient limitées dans leur effet. Selon l'article 36 de la Convention de 1963, les fonctionnaires consulaires ont « le droit de se rendre auprès d'un ressortissant de l'État d'envoi qui est incarcéré, [...], de s'entretenir et de correspondre avec lui et de pourvoir à sa représentation en justice », précisant toutefois que ces droits « doivent s'exercer dans le cadre des lois et règlements de l'État de résidence »[70]. Concrètement, il s'agit « seulement » du droit pour les autorités consulaires d'entrer en communication avec la personne concernée, de lui proposer une liste d'avocats (les honoraires étant à sa charge), de vérifier que d'éventuels problèmes médicaux sont pris en compte et de lui rendre des visites (dont la régularité n'est pas définie)[71].

1.2. La protection de l'État français au vu de la diversité des situations de ses ressortissants

Au-delà du régime juridique de ces protections, leur exercice potentiel varie en l'occurrence selon les différents lieux de détention des terroristes français. Les combattants

---

[69] CEDH, 7 sept. 2021, *Aarrass c. Belgique*, n° 16371/18, in § 38 à 41.

[70] Convention de Vienne sur les relations consulaires, 24 avril 1963 (e.v. le 19 mars 1967) et ratifiée par la France le 31 décembre 1970.

[71] « En cas d'arrestation, [un ressortissant français] peut solliciter la visite d'un agent consulaire qui vérifiera ses conditions de détention et qui s'assurera du respect de ses droits. Le consulat lui communiquera une liste d'avocats francophones et préviendra sa famille s'il le souhaite », Extrait de la brochure « L'action consulaire », publiée en novembre 2020 par le Ministère de l'Europe et des Affaires étrangères, https://www.diplomatie.gouv.fr/IMG/pdf/action-consulaire_a5_2023_site_fd_cle8a4dac.pdf

étrangers de l'OEI se trouvent en effet en Syrie, en Irak, entre les mains de l'AANES[72] ou en Turquie. Ces différentes positions, bien qu'ayant comme point commun l'emprisonnement, affectent la protection que peut officiellement leur accorder la France, que cette protection soit diplomatique ou consulaire.

- Détention en Turquie. Le gouvernement français a négocié avec la Turquie un protocole, dénommé le « protocole Cazeneuve », en vertu duquel lorsque ce pays expulse vers la France des terroristes français venant de Syrie, elle prévient l'État français de façon à ce qu'ils soient immédiatement judiciairement pris en charge à leur arrivée. La pratique turque est donc celle de l'expulsion et non de l'engagement de poursuites. La Turquie n'ayant pas été directement victime des agissements de l'OEI, elle n'a en effet pas vocation à juger ces terroristes qui n'y sont donc *a priori* que « de passage ».
- Détention en Syrie. La France n'ayant plus de relations diplomatiques avec ce pays, les ressortissants français ne peuvent y bénéficier d'une protection de la part des autorités nationales. La France prétend – notamment devant la CourEDH[73] – agir en leur faveur par le biais d'organisations internationales comme le Comité international de la croix rouge. Quant à l'incarcération ou au jugement de ces Français, ils relèvent de la compétence des autorités syriennes sans que les autorités françaises puissent avoir un regard officiel, ni probablement officieux, sur ces décisions.

---

[72] AANES, Administration Autonome de la Syrie du Nord et de l'Est, Région – le Rojava – tenue par les Forces Démocratiques Syriennes (FDS) principalement composées de milices armées kurdes et notamment les Unités de protection du peuple (YPG).

[73] CEDH, 14 septembre 2022, *Affaire H.F. et autres c. France*, n°24384/19 et 44234/20.

- Détention par l'AANES. Cette entité n'est pas un État et dès lors, juridiquement, une protection diplomatique ou consulaire, qui résulte de l'entretien de relations interétatiques, ne peut être mise en place. La France, si elle le souhaite, peut se préoccuper du sort de ses ressortissants auprès de ses alliés dans la lutte contre l'OEI mais elle ne peut, pour ce faire, se prévaloir des Conventions précitées. L'AANES, pour sa part, demande, depuis 2019, « la création d'un tribunal international ou hybride national-international afin que les membres de Daech soient jugés conformément au droit international »[74].
- Détention en Irak. Il s'agit de la seule situation où la protection consulaire[75] peut, en l'occurrence, être mise en œuvre. Toutefois, la France rappelle à ce sujet, en premier lieu, la souveraineté irakienne, « s'agissant des Français majeurs détenus en Irak, ils relèvent d'abord des autorités de ce pays à qui il revient de décider souverainement s'ils doivent faire l'objet de procédures judiciaires sur place » puis, sans remettre en cause le fait que ces personnes peuvent bénéficier de la protection consulaire, elle explique que cette protection implique « l'exercice du droit de visite et notamment la vérification que les personnes en cause ne sont pas soumises à des traitements inhumains ou dégradants au sens de la Convention européenne de sauvegarde des droits de l'homme »[76]. Cependant, vérifier que les droits de ces personnes ne sont pas violés ne signifie pas une possibilité d'exiger de l'Irak qu'ils ne le soient pas.

---

[74] Communiqué de l'AANES du 18 mars 2021 concernant le rapatriement des ressortissants étrangers, cité *in* CEDH, 14 septembre 2022, *Affaire H.F. et autres c. France*, n°24384/19 et 44234/20, § 29.

[75] La protection diplomatique n'ayant que très peu de probabilités d'être exercée pour protéger les droits fondamentaux des terroristes (cf. *supra*) *a fortiori* du fait de l'entente franco-irakienne à ce sujet.

[76] Réponse du Ministère de la justice, JO Sénat du 14/02/2018, p. 1432 à la Question orale n°0188S de M. Marc-Philippe Daubresse, JO Sénat du 25/01/2018, p. 252.

Dans ce cadre, la France peut seulement agir diplomatiquement auprès des autorités irakiennes pour leur « demander », si tant est qu'elle souhaite politiquement se mobiliser à ce sujet, de respecter les droits des personnes concernées mais sans pouvoir l'exiger juridiquement.

1.3. Les droits de l'homme susceptibles d'être invoqués par ces citoyens français en Irak

Plusieurs droits de l'homme, dont le non-respect est souvent dénoncé dans ce pays, ne sont pas, en pratique, l'objet d'une protection efficace.
La qualité des procédures irakiennes est souvent critiquée, à juste titre[77]. Apparemment, les autorités consulaires sont en l'occurrence faiblement investies dans la protection des droits correspondants des ressortissants français. Cependant, bien que cette inertie ait probablement d'autres causes, les éventuelles récriminations consulaires ne seraient sans doute, en pratique, que d'une portée limitée. Il pourrait s'agir d'une critique officielle des manquements aux règles du procès équitable par le Gouvernement français et d'un appel à leur respect mais sans contrainte possible à ce sujet.
Non plus qu'à celui des traitements inhumains et dégradants subis en détention, atteintes plus que potentielles en l'espèce. Si selon le Tribunal administratif de Paris, « il incombe à l'État, garant du respect du principe constitutionnel du droit de sauvegarde de la dignité humaine, de veiller à ce que le droit de toute personne à ne

---

[77] Voir à ce sujet l'Avis sur les ressortissants français condamnés à mort ou encourant la peine de mort en Irak de la CNCDH, JORF n°0028 du 2 février 2020, §7. Y sont notamment dénoncés des procès expéditifs et inéquitables, d'une durée excessivement brève, sans aucune véritable instruction préalable, ne respectant pas les droits de la défense et appuyés sur des aveux extorqués sous la torture.

pas être soumise à des traitements inhumains ou dégradants soit garanti »[78], l'État français ne dispose cependant pas d'un titre juridique lui permettant d'imposer cette exigence à l'État irakien souverain. Toutefois, pour la Rapporteuse spéciale sur la promotion et la protection des droits de l'homme et des libertés fondamentales dans la lutte antiterroriste, les autorités françaises « devraient notamment [...] intervenir lorsque des ressortissants français en détention risquent d'être victimes de violations graves des droits de l'homme, notamment d'actes de torture, d'exécutions extrajudiciaires, de violences sexuelles ou de la peine de mort » [79], mais elle ne propose pas de base juridique garantissant l'efficacité de cette intervention ; sans doute parce qu'il n'y en a pas de consacrée. Pour la Commission nationale consultative des droits de l'homme (CNCDH), l'assistance consulaire serait même « un droit individuel, garantissant *a minima* le caractère équitable d'un procès »[80], cependant si l'assistance consulaire et l'équité du procès sont des droits individuels, le premier ne garantit pas le second dans les relations interétatiques.

Quant à la peine de mort, la France, du fait de son opposition à cette sanction, ne pourrait extrader un terroriste vers l'Irak car il encourait une condamnation à mort[81], cette peine figurant dans la loi pénale irakienne pour

---

[78] Tribunal administratif de Paris, Ordonnance du 9 avril 2019, n°1906076/9.

[79] Rapport de la Rapporteuse spéciale sur la promotion et la protection des droits de l'homme et des libertés fondamentales dans la lutte antiterroriste, 8 mai 2019, Haut-Commissariat des Nations Unies aux droits de l'homme, A/HRC/40/52/Add.4.

[80] CNCDH, Avis sur les ressortissants français condamnés à mort ou encourant la peine de mort en Irak, JORF n°0028 du 2 février 2020, § 14.

[81] Le transfert de terroristes français du Nord Est de la Syrie vers l'Irak en février 2019 a posé la question de la contribution qu'aurait pu y

les infractions terroristes. Cependant, si le terroriste est détenu en Irak où il y a été condamné à mort[82], un État étranger ne peut intervenir que diplomatiquement pour tenter de dissuader ce pair de recourir à cette peine à l'égard de l'un de ses ressortissants ou, avec peut-être davantage de chance de réussite, de demander que cette peine ne soit pas exécutée[83]. La CNCDH affirme qu'un État abolitionniste « doit protéger toute personne, et *a fortiori* ses ressortissants, encourant la peine capitale à l'étranger en toutes circonstances, et ce quelle que soit la gravité des crimes, y compris pour les actes terroristes »[84] mais elle ne propose pas un fondement juridique international à une telle exigence. Tout au plus, peut-on envisager une intervention diplomatique auprès de l'État irakien, souverain en la matière, et non lié par une convention internationale proscrivant la peine de mort.

---

apporter illégalement la France. Les Présidents français et irakien ont nié cette participation. Pour le président français « les Français majeurs détenus transférés en Irak par les FDS [...] relèvent d'abord des autorités de ce pays, à qui il revient de décider souverainement s'ils doivent faire l'objet de procédures judiciaires sur place ». Selon le président irakien, « ils ont été capturés "dans le cadre d'opérations militaires". "Ils sont accusés d'avoir commis des crimes contre des Irakiens, contre des installations irakiennes en Irak, ils seront jugés selon la loi irakienne, et c'est ce que le droit international reconnaît" », propos cités dans L'Express (site web), le 26 février 2019 dans l'article « Cinq questions sur le transfert de djihadistes français en Irak » [https://www.lexpress.fr/societe/cinq-questions-sur-le-transfert-de-djihadistes-francais-en-irak_2064153.html].

[82] Onze terroristes français ont été condamnés à mort en 2019 par le tribunal antiterroriste de Bagdad pour leur appartenance à l'organisation État islamique.

[83] Il y aurait entre la France et l'Irak un « gentlemen agreement » à ce sujet.

[84] CNCDH, Avis sur les ressortissants français condamnés à mort ou encourant la peine de mort en Irak, JORF n°0028 du 2 février 2020, § 12.

Ainsi, face aux constats des atteintes portées par l'Irak à de nombreux droits fondamentaux des terroristes français jugés et/ou détenus, si la CNCDH recommande que « la France prenne sans tarder toutes les mesures appropriées pour obtenir la commutation des peines capitales déjà prononcées, des garanties suffisantes de la part des autorités irakiennes que d'autres condamnations à mort ne seront pas prononcées, l'autorisation pour les fonctionnaires consulaires d'exercer leur droit de visite, et le transfert des prisonniers vers la France pour qu'ils y exécutent leur peine une fois celle-ci commuée »[85], chacun des souhaits émis suppose, malgré l'humanité de l'intention, un agrément ou une action des autorités irakiennes qui ne peuvent lui être juridiquement imposés. Une option, afin d'éviter ces atteintes aux droits de l'homme, qui ne sont, en pratique, pas jugulées, serait le retour de ces terroristes français sur le territoire national.

2. Le rapatriement des Français soupçonnés d'être des terroristes, fondé, entre autres intérêts, sur le respect nécessaire des droits de l'homme.

Le retour « autonome » des djihadistes ne pose *a priori* aujourd'hui pas de difficultés quant à leur droit d'entrer sur le territoire, droit consacré notamment par le Pacte international relatif aux droits civils et politiques selon lequel « Nul ne peut être arbitrairement privé du droit d'entrer dans son propre pays. »[86]. Le rapatriement

---

[85] CNCDH, Avis sur les ressortissants français condamnés à mort ou encourant la peine de mort en Irak, JORF n°0028 du 2 février 2020, § 16.

[86] Article 12 § 4 du Pacte international relatif aux droits civils et politiques du 16 décembre 1966 (e.v. 23 mars 1976) ratifié par la France le 4 novembre 1980.

supposant une action positive de l'État est en revanche discuté. La Haut-Commissaire aux droits de l'homme de l'ONU a exhorté les États « à aider leurs ressortissants bloqués dans les camps syriens », « à les rapatrier, les réintégrer et, s'il y a lieu, les juger »[87]. Cet appel peut trouver un fondement dans le respect des droits de l'homme (2.1.) et une justification dans l'exigence de lutter contre le terrorisme (2.2.).

2.1. Un rapatriement des terroristes motivé par le respect des droits de l'homme

Est-ce que les droits fondamentaux du terroriste conduisent à une obligation positive de son rapatriement par l'État – français en l'occurrence – dont il est le ressortissant ?
Cette question concerne – cette fois – principalement les terroristes détenus dans le Nord-Est syrien. Dans son mémoire devant le Conseil d'État, le Ministre de l'Europe et des Affaires étrangères, ayant rappelé « l'application essentiellement territoriale de la Convention », a indiqué que « les circonstances de fait examinées n'étaient pas de nature à engager la responsabilité de l'État, la France n'exerçant aucun contrôle sur les ressortissants concernés par le biais de ses agents, ni aucun contrôle territorial sur les camps en l'absence d'influence politique et militaire décisive sur le nord-est syrien »[88]. Affirmations dont le Conseil d'État a pris acte en considérant que « les mesures ainsi demandées en vue d'un rapatriement, [...] nécessiteraient l'engagement de négociations avec des autorités étrangères ou une intervention sur un territoire

---

[87] Haut-Commissaire aux droits de l'homme des Nations unies, communiqué du 22 juin 2020 cité *in* CEDH, 14 septembre 2022, *Affaire H.F. et autres c. France*, n°24384/19 et 44234/20, § 117.
[88] Cité in CEDH, G.A., 14 septembre 2022, *Affaire H.F. et autres c. France*, n°24384/19 et 44234/20, §51

étranger »[89]. Le Tribunal judiciaire de Paris a adopté une analyse similaire retenant que « le rapatriement des ressortissants français retenus à l'étranger relève en soi de l'action diplomatique de la France, et ce, d'autant plus au cas particulier qu'il n'est pas établi par les éléments du dossier que la France exercerait un contrôle efficace sur le territoire sur lequel se situe le camp d'Al-Hol [...] »[90]. La Cour européenne relève que les autres juridictions internes saisies de cette question ont considéré que « le droit international et le droit international humanitaire (compétence personnelle, protection consulaire, droit d'entrer dans l'État de nationalité, assistance humanitaire) ne créent pas d'obligation pour les États de rapatrier leurs ressortissants »[91]. Donc, quand bien même l'État français doit protection à ses ressortissants et que ceux-ci ont notamment le droit de ne pas être soumis à des traitements inhumains et dégradants, la situation des djihadistes ne génère pas l'obligation positive de leur rapatriement.
Un enjeu particulier en découle, celui de l'absence de recours, pour contester le refus de rapatriement par la France de ses ressortissants, bien que ceux-ci soient soumis à de graves atteintes de leurs droits fondamentaux. En effet, le Conseil d'État a déduit de la nécessité de l'engagement de négociations avec des autorités étrangères ou d'une intervention sur un territoire étranger pour obtenir un rapatriement, que ces mesures n'étaient pas « détachables de la conduite des relations internationales de la France »[92] et qu'en conséquence, une juridiction nationale n'est pas compétente pour en connaître. Le Tribunal judiciaire de

---

[89] Conseil d'État, 23 avril 2019, n°429701

[90] Tribunal judiciaire de Paris, 18 mai 2020, cité in CEDH, G.A., 14 septembre 2022, *Affaire H.F. et autres c. France*, n°24384/19 et 44234/20, §58

[91] CEDH, G.A., 14 septembre 2022, *Affaire H.F. et autres c. France*, n°24384/19 et 44234/20, § 138

[92] Conseil d'État, 23 avril 2019, n°429668

Paris a confirmé cette position car la situation décrite impliquerait « que l'État français engage des négociations qui ne peuvent pas être imposées par la juridiction judiciaire [...] ». Il ajoute en guise de justification que « cette limitation du contrôle juridictionnel des actes de l'administration poursuit un but légitime, à savoir la garantie de la séparation des pouvoirs exécutif et judiciaire »[93]. Les juridictions administrative et judiciaire françaises se sont donc déclarées incompétentes pour examiner le refus de rapatriement des djihadistes français par les autorités exécutives. La Cour européenne, sur ce point (seulement), fondant sa décision sur l'article 3 § 2 du Protocole n°4[94], condamne la France, considérant que les intéressés n'ont pas eu accès à « un contrôle indépendant des décisions implicites de refus de rapatriement prises à leur égard permettant d'examiner s'il existait des raisons légitimes et raisonnables dépourvues d'arbitraire justifiant ces décisions au regard des obligations positives découlant, dans le cas d'espèce et compte tenu des circonstances exceptionnelles [...], du droit d'entrer sur le territoire national garanti par l'article 3 § 2 du Protocole no 4 »[95]. L'immunité juridictionnelle accordée du fait de l'application, en l'espèce, de la théorie des actes de gouvernement a privé les requérants de « garanties appropriées contre l'arbitraire »[96]. La Cour précise cependant que « l'exercice d'un tel contrôle n'implique pas nécessairement que le juge saisi se reconnaisse compétent

[93] Tribunal judiciaire de Paris, 18 mai 2020, cité in CEDH, 14 septembre 2022, *Affaire H.F. et autres c. France*, n°24384/19 et 44234/20, §58

[94] Article 3 § 2 du Protocole n°4 à la Convention : « Nul ne peut être privé du droit d'entrer sur le territoire de l'État dont il est le ressortissant ».

[95] CEDH, 14 septembre 2022, *Affaire H.F. et autres c. France*, n°24384/19 et 44234/20, § 281

[96] *Ibidem*, § 283

pour ordonner, le cas échéant, le rapatriement »[97]. Ce qui atténue considérablement la portée d'une décision juridictionnelle qui serait favorable au « demandeur de rapatriement ». En effet, le juge constatant l'arbitraire du refus pourrait, du fait d'une incompétence, ne pas enjoindre à l'État de rapatrier le requérant. De plus, même si le juge cessait de considérer le choix de ce rapatriement comme un acte de gouvernement, l'efficacité d'une éventuelle injonction de sa part se heurterait, quoi qu'il en soit, à des impasses pratiques dues à l'aléa des négociations internationales visant ce retour sur le sol national.
Remarque : dans la plupart des déclarations et des débats relatifs au rapatriement des personnes détenues dans les camps de Roj et d'Al-Rol au Rojava, contrôlés par les FDS, les enfants sont une préoccupation principale, les femmes une préoccupation secondaire et les hommes une préoccupation au mieux marginale (les « non Français » étant ignorés[98]). Cependant, les indignes conditions de détention – incontestées – dans ces camps du Nord-Est syrien, supposeraient que tous soient rapatriés ou au moins bénéficient d'une action étatique en leur faveur. Elle se développe pour les enfants et pour leur mère mais n'est pas envisagée pour les hommes, fussent-ils pères. Cette sélectivité – spontanément acceptée dans l'opinion publique – n'est pas conforme aux droits de l'homme ; le respect de conditions humaines de détention n'est en principe pas dépendant de l'état civil de la personne, de sa culpabilité ou de la nature du crime qu'elle a commis[99].

---

[97] *Ibidem*, § 282

[98] Le rapatriement n'ayant pour les étrangers pas de sens, les enfants non français, leurs mères, leurs pères pourraient éventuellement bénéficier d'un geste d'humanité.

[99] Toutefois, les « combattants terroristes français à l'étranger » ainsi rapatriés, étant donné les conditions de détention dans les prisons françaises, bien que meilleures que celles des camps cités, pourraient

2.2. L'objectif d'un retour sur le territoire national des terroristes français

La lutte contre le terrorisme peut justifier que les combattants français de l'OEI soient rapatriés, ce que le Conseil de sécurité des Nations unies soutient.
Selon le Ministère de l'Europe et des Affaires étrangères, « la lutte contre le terrorisme demeure une priorité quotidienne des autorités françaises, avec comme objectif de garantir la sécurité de nos concitoyens et de prévenir tout risque d'attentat piloté ou inspiré par Daech sur le territoire national »[100]. Pour de nombreux observateurs, le rapatriement des terroristes sur ce territoire national[101], lorsqu'il est possible, devrait être retenu car il favoriserait cette sécurité qualifiée de prioritaire. En effet, il ne serait pas judicieux de laisser ces terroristes dans des camps desquels ils risquent de s'enfuir et où ils entretiennent probablement leur haine de l'occident. Leur retour permettrait de plus de les juger dans un premier temps et de développer ensuite, si tant est que l'on s'en donne les moyens, des actions dites de déradicalisation et de « réintégration ». Pour le Secrétaire général des Nations unies, il s'agit « d'un impératif stratégique dans la lutte antiterroriste » et il propose « une assistance coordonnée en matière de rapatriement, de poursuites, de réadaptation et

---

probablement invoquer avec succès (hélas !) le non-respect de l'article 3 de la Convention européenne des droits de l'homme.

[100] Réponse du Ministère de l'Europe et des affaires étrangères, JO Sénat du 19/12/2019, p. 6275 à la Question écrite n°13093 de M. Sébastien Meurant.

[101] Que ce soit par le biais de négociations avec les autorités qui les détiennent, par voie d'extradition (pour les juger) ou encore par un transfèrement (pour ceux qui ont été condamnés).

de réintégration »[102]. Les autorités politiques françaises s'avèrent pusillanimes à cet égard craignant apparemment un rejet de ce rapatriement par une opinion publique encore marquée par les attentats et indifférente au sort de ces combattants de l'Organisation État Islamique, fussent-ils français.
Pourtant, le Conseil de sécurité des Nations unies « [...] réaffirme que ceux qui commettent des actes terroristes [...] doivent en répondre »[103] et exhorte « les États Membres à agir conformément aux obligations que leur impose le droit international en vue de retrouver et traduire en justice, extrader ou poursuivre »[104] ces personnes. Pour le Conseil de sécurité, il existe donc une obligation pour les États membres de l'ONU de « retrouver et traduire en justice » les terroristes présumés[105]. Ce que la France aurait la possibilité de faire en rapatriant les terroristes français détenus dans le Nord-Est de la Syrie. Cette prise en charge judiciaire des terroristes français devrait, toujours selon les instances onusiennes, être entreprise en respectant les droits fondamentaux des personnes. Le rapport du secrétaire général relatif à la Stratégie antiterroriste mondiale, comportant à cet égard un quatrième pilier dont l'intitulé est significatif : « Mesures visant à garantir la protection des

---

[102] Secrétaire général des Nations unies, Rapport du 29 janvier 2021, « Activités menées par le système des Nations Unies pour appliquer la Stratégie antiterroriste mondiale des Nations Unies », A/75/729, §74.

[103] Conseil de sécurité des Nations unies, 21 décembre 2017, Résolution 2396, S/RES/2396, § 19.

[104] *Ibidem*, § 23

[105] Ce qu'il affirmait dans sa Résolution 28 septembre 2001 [S/RES/1373] décidant que tous les États devaient : [...] Veiller à ce que toutes personnes qui participent au financement, à l'organisation, à la préparation ou à la perpétration d'actes de terrorisme ou qui y apportent un appui soient traduites en justice [...] » adoptée à la suite des attentats du 11 septembre aux États-Unis.

droits humains et la primauté du droit en tant que base fondamentale de la lutte antiterroriste »[106].

L'abandon par la France de la doctrine de la détention et du jugement « sur place » des combattants l'OEI permettrait de contribuer à la lutte contre le terrorisme tout en remédiant aux graves conséquences humaines de la détention dans des camps insalubres et dangereux et en prévenant le caractère inéquitable des procès, la torture ou les traitements inhumains ou dégradants des accusés ou encore leur condamnation à mort. L'État français lutterait ainsi, conformément au droit international, contre le terrorisme tout en respectant les droits fondamentaux de ses auteurs.

---

[106] Le Secrétaire général des Nations unies y fait notamment référence aux rapports thématiques sur le lien entre le droit international des droits de l'homme et le droit international humanitaire dans le contexte de la lutte antiterroriste (A/75/337) et sur les conséquences sur les droits de l'homme des politiques et des pratiques visant à prévenir et à combattre l'extrémisme violent (A/HRC/43/46) de la Rapporteuse spéciale sur la promotion et la protection des droits de l'homme et des libertés fondamentales dans la lutte ainsi qu'au rapport du Haut-Commissariat des Nations Unies aux droits de l'homme dans lequel il est fait des recommandations sur la manière d'établir les responsabilités dans le contexte du terrorisme et de la lutte contre ce phénomène et de défendre les droits des victimes conformément au droit international des droits de l'homme (A/HRC/45/27).

Le retour des djihadistes à l'aune du droit européen des droits de l'homme : d'une inconventionnalité évidente à une protection résiduelle par la Convention

Sabrina LAVRIC
Maître de conférences en droit privé et sciences criminelles – Université de Lorraine (en délégation à l'Université de la Nouvelle-Calédonie),
LARJE (EA 3329), membre associée de l'Institut François Gény (UR 7301)

Au lendemain de la défaite de l'auto-proclamé État Islamique (EI), de nombreux ressortissants français qui avaient rejoint la zone irako-syrienne pour participer au Djihad ont été soit incarcérés (s'agissant des anciens combattants du califat) soit placés dans des camps de réfugiés du nord-est syrien (Al Hol et Roj) administrés par les Forces démocratiques syriennes[107]. Parmi eux, des femmes de djihadistes mais également de nombreux enfants, pour certains nés sur place.

Auditionné par la commission des lois du Sénat le 5 octobre 2022, le garde des Sceaux Éric Dupond-Moretti estimait à 200 le nombre de Français encore incarcérés sur l'ancien territoire de Daech[108], précisant que le décompte du nombre

---

[107] Coalition militaire formée en octobre 2015 pendant la guerre civile syrienne en vue de chasser l'EI du nord de la Syrie, regroupant des Kurdes de l'Unité de protection du peuple (YPG), des rebelles arabes proches de l'Armée syrienne libre, des tribus locales comme l'Armée Al-Sanadid et des chrétiens du Conseil militaire syriaque ; v. F. Merloz, « La question inédite du rapatriement des familles françaises de djihadistes devant la CEDH », Dalloz actualité, Le droit en débats, 4 oct. 2021

[108] https://www.publicsenat.fr/article/parlementaire/retour-des-enfants-de-djihadistes-eric-dupond-moretti-defend-une-position

d'enfants était compliqué, ceux nés sur place n'étant pas répertoriés côté français[109].

La France doit-elle tous les rapatrier ? La question est éminemment politique[110] – la France a souhaité y répondre par une doctrine du « cas par cas »[111], affichant une ligne dure par rapport à ses homologues européens également concernés[112]. Elle est à l'évidence humanitaire. Elle est aussi juridique. Envisagée à l'aune du droit européen des droits de l'homme, elle mène à constater des atteintes évidentes aux droits fondamentaux des personnes concernées (I) qui ne peuvent cependant être imputées qu'à la marge à l'État français, révélant alors la protection résiduelle offerte, *in fine*, par la Convention européenne des droits de l'homme[113] (II).

---

[109] Selon Le Monde, une centaine de françaises seraient toujours détenues dans des camps de rétention sur zone ; « Au procès d'une "revenante" de Syrie, un cœur simple aspiré par la haine djihadiste », Le Monde, 5 mars 2023

[110] Soutenant que le rapatriement des familles de djihadistes menace la sécurité des français, v. encore le vice-président du Sénat Roger Karoutchi, lors des questions d'actualité au Gouvernement, le 26 oct. 2022 ; https://www.publicsenat.fr/article/politique/retour-des-femmes-et-enfants-de-djihadistes-pourquoi-demande-roger-karoutchi

[111] Estimant que « la position de la France [consistant à ne rapatrier que ceux qui veulent] est parfaitement équilibrée », v. E. Dupond-Moretti, préc.

[112] https://www.euractiv.fr/section/affaires-publiques/news/des-femmes-et-des-enfants-europeens-toujours-detenus-en-syrie/

[113] De son côté, le comité contre la torture des Nations Unies a, le 16 janv. 2023, rendu une décision dans laquelle il estime que, même si l'État français n'est pas à l'origine des violations subies par ses nationaux faute de compétence territoriale, « *il demeure toujours dans l'obligation de protéger ses nationaux contre des violations graves des droits de l'homme en prenant toutes les mesures nécessaires et possibles* » ; les Forces syriennes ayant exprimé à plusieurs reprises leur souhait que tous les étrangers détenus dans les camps soient rapatriés par leurs États de nationalité, il estime que « *l'État partie à la*

1. Des atteintes évidentes aux droits fondamentaux

De prime abord, les atteintes aux droits fondamentaux des anciens djihadistes et de leur famille, actuellement détenus dans des camps ou des centres pénitentiaires du Nord-Est syrien, semblent assez évidentes. Elles sont d'ailleurs dénoncées, depuis quelque temps, par différents organes de défense des droits humains.

La Commission nationale consultative des droits de l'homme (CNCDH) en particulier, a déjà rendu deux avis, le premier en septembre 2019, le second en décembre 2021, concernant les enfants se trouvant dans les camps de réfugiés de Roj et Al Hol (Al Hol où seraient détenus 20 000 enfants ainsi que les femmes les plus radicalisées), dénonçant une situation d'urgence humanitaire et demandant à la France de rapatrier les enfants français avec leurs mères[114]. Elle s'est aussi prononcée, en janvier 2020, sur la situation des hommes suspectés d'avoir participé aux crimes de l'EI transférés vers l'Irak pour y être jugés, dénonçant tout à la fois l'absence de garanties procédurales et le risque de condamnation de ces derniers à la peine capitale[115].

Plus récemment encore, en février 2022, la CNCDH a émis un avis sur le jugement des ressortissants français détenus

---

capacité et le pouvoir d'empêcher que les proches des requérants subissent des actes de mauvais traitement »

[114] Avis sur les mineurs français retenus dans les camps syriens, adopté lors de l'assemblée plénière du 25 septembre 2019, *JORF* n°0237 du 11 oct. 2019 ; Avis sur le rapatriement des mineurs français retenus dans les camps du Nord-Est syrien, adopté lors de l'assemblée plénière du 16 décembre 2021, *JORF* n°0006 du 8 janvier 2022

[115] Avis sur les ressortissants français condamnés à mort ou encourant la peine de mort en Irak, adopté lors de l'assemblée plénière du 28 janvier 2020, *JORF* n°0028 du 2 février 2020.

dans le Nord-est syrien, demandant aux autorités françaises de les rapatrier pour des motifs tenant à la fois au droit à un procès équitable (qui comprend notamment le droit à être jugé dans un délai raisonnable, la plupart étant détenus depuis mars 2019), à la garantie de la sécurité dans la région (l'existence des camps abritant des djihadistes constituant une menace en soi, en favorisant des attaques, permettant des évasions et la préparation, depuis la Syrie, de nouvelles attaques perpétrées à l'étranger[116]) et au respect des droits humains (au regard de l'indignité des conditions de détention subies par les intéressés – détention dans des lieux surpeuplés et inadaptés, privation d'accès aux soins, etc. – et de l'allégation de mauvais traitements à proprement parler).

Traduits dans le langage de la Convention, ces différents éléments semblent impliquer la violation de plusieurs dispositions, dans les camps de réfugiés (1.1) et en dehors de ces camps (1.2), à l'égard de ceux qui ne sont pas (ou pas encore) judiciarisés et ceux qui le sont déjà.

1.1. La situation des personnes retenues dans les camps de réfugiés

Les personnes retenues dans les camps – essentiellement les femmes des combattants de l'EI et leurs enfants mineurs, se trouvent exposées à des conditions qualifiées d'« effroyables » dans le camp de Al Hol en particulier.

---

[116] Plusieurs membres du Conseil européen pour les relations internationales ont alerté, le 27 novembre 2019, sur l'instabilité de la région et l'avenir incertain des prisons et des camps concernés, appelant les pays européens à rapatrier les membres de l'EI qui pourraient autrement s'échapper et être impliqués dans de nouvelles attaques ; https://ecfr.eu/paris/article/lettre_ouverte_appel_pour_un_retour_controle_des_combattants_etrangers_de_l/

Selon le rapport établi par la commission d'enquête internationale sur la Syrie, soumis au Conseil des droits de l'homme des Nations Unies en août 2021[117], ce camp regrouperait quelques 60 000 personnes (dont 55 000 femmes et enfants), la pandémie liée à la COVID-19 n'ayant fait qu'aggraver des conditions matérielles déjà éminemment précaires (difficultés pour avoir des médicaments, bouteilles d'oxygène, etc.). Le document rapporte que plusieurs enfants auraient péri au cours de l'année 2020, faute d'avoir pu bénéficier de soins appropriés (le rapport évoque aussi le travail des enfants, surtout des orphelins et des mineurs non accompagnés qui se trouvent, de fait, particulièrement vulnérables), et qu'en 2021, 60 résidents y auraient été tués. Par ailleurs, pour répondre aux problèmes d'insécurité – liés à la présence de cellules dormantes de Daech, 400 familles ont été déplacées vers le camp de Roj, qui abriterait 2700 personnes, principalement étrangères, dont 1500 enfants. Les conditions de vie y sont meilleures mais il est également fait état d'un accès limité aux avocats, à l'éducation et aux soins. Dans ses conclusions, la commission d'enquête énonce « les conditions de vie dans les camps donnent fortement à penser que les droits humains les plus fondamentaux des personnes qui y sont placées, tels que le droit à la santé et le droit à l'alimentation, sont bafoués. La commission a des motifs raisonnables de croire que les conditions à Hol, en particulier, peuvent s'apparenter à un traitement cruel ou inhumain, ce qui constitue un crime de guerre » (§ 116). Concernant la situation des enfants en particulier, la commission estime que « le fait de retenir

[117] Rapport de la commission d'enquête internationale indépendante sur la République arabe syrienne, A/HRC/48/70, 13 août 2021, § 112 https://documents-dds-ny.un.org/doc/UNDOC/GEN/G21/223/83/PDF/G2122383.pdf?OpenElement

27000 enfants, dont 33 % ont moins de 5 ans, dans ces camps pendant des années sans qu'ils disposent du moindre recours est non seulement contraire à l'interdiction de la privation illégale ou arbitraire de liberté pour ces enfants, dont la détention ne doit être décidée qu'en dernier ressort, mais va également à l'encontre des garanties les plus fondamentales accordées par le droit international » (§ 117).

Ainsi, les personnes retenues dans les camps de réfugiés du Nord-est syrien subissent des conditions de vie qui s'apparentent à des traitements inhumains ou dégradants au sens de l'article 3 de la Convention européenne des droits de l'homme, en plus d'être exposées à un risque de mort au sens de l'article 2 de la même Convention.

On rappellera que l'article 3, en particulier, édicte une prohibition absolue de la torture et des traitements inhumains ou dégradants, qui s'accorde avec le droit international humanitaire (qui fait de l'interdiction de la torture une norme impérative de *jus cogens*). Le droit de ne pas subir de mauvais traitements apparaît comme « un attribut inaliénable de la personne humaine », ce qui explique son caractère intangible[118]. Il soit être strictement respecté, y compris dans les circonstances les plus difficiles, comme en matière de lutte contre le terrorisme ou le crime organisé (v. not. CEDH 6 avr. 2000, *Labita c. Italie*, n° 26772/95, § 119 ; 28 juill. 1999, *Selmouni c. France,* n° 25803/94, § 95). La nature des agissements reprochés à la personne ne peut donc aucunement justifier des restrictions au droit garanti par l'article 3.

---

[118] V. not. J.-F. Renucci, *Droit européen des droits de l'homme*, LGDJ, 2021, n° 111

1.2. La situation des personnes arrêtées et judiciarisées

Pour ceux qui sont judiciarisés – les combattants de l'EI, identifiés comme tels, la CNCDH expose que « la détention sans jugement de ces personnes depuis près de trois ans ne saurait se pérenniser notamment au regard des articles 9§3 du Pacte international relatif aux droits civils et politiques et 5§3 de la Convention européenne des droits de l'homme ».

À l'instar de l'article 9 du Pacte onusien[119], l'article 5 de la Convention protège contre des privations illégales de liberté et prévoit en particulier qu'en cas d'arrestation (art. 5§1, c), la personne a le droit d'être aussitôt traduite devant un juge ou un autre magistrat habilité par la loi à exercer des fonctions judiciaires. L'article 5§3 garantit le droit d'accès à un juge de « *l'habeas corpus* »[120], capable de contrôler rapidement la légalité de la détention et de libérer la personne le cas échéant. Sur ce point, la Commission d'enquête des Nations-Unies sur la Syrie a souligné, dans son rapport d'août 2021, le « flou juridique » entourant la situation de ces détenus et la « détention illimitée » à laquelle ils sont de fait exposés : « Alors qu'environ 8 650 Syriens ont été jugés à la mi-2020, il subsiste, pour quelque 4 000 étrangers, dont environ 500 garçons originaires de plus de 50 pays, un flou juridique puisqu'ils ne sont ni

---

[119] Art. 9 Pacte : « 3. Tout individu arrêté ou détenu du chef d'une infraction pénale sera traduit dans le plus court délai devant un juge ou une autre autorité habilitée par la loi à exercer des fonctions judiciaires, et devra être jugé dans un délai raisonnable ou libéré. »

[120] v. F. Fourment, « Après l'affaire *Moulin* (CEDH, 5e sect., 23 nov. 2010), encore du grain à moudre », D. 2011, p. 26

poursuivis pour association avec Daech ni rapatriés, ce qui les expose à une détention sans limite de durée »[121].

Aux atteintes à l'article 5, qui garantit le droit à la sûreté, s'ajoutent aussi des violations de l'article 6 relatif au droit à un procès équitable, lequel inclut non seulement le droit d'être jugé dans un délai raisonnable, mais également tous les droits de la défense portés par le paragraphe 3 de l'article 6, parmi lesquels le droit à l'assistance d'un défenseur et le droit de bénéficier du temps et des facilités nécessaires pour préparer sa défense[122].

Enfin, ceux que l'on suspecte d'avoir pactisé avec Daech seraient également exposés à des mauvais traitements, qu'ils soient détenus dans des prisons qui n'en sont pas, qu'ils aient à subir des interrogatoires qui s'apparentent à de la torture[123], ou encore qu'ils encourent la peine de mort.

L'ensemble de ces atteintes avérées aux droits garantis par la Convention devraient, sur le plan éthique au moins, justifier le retour des djihadistes et de leurs familles. Bien sûr, la situation heurte également d'autres textes internationaux de protection des droits de l'homme,

---

[121] v. Rapport de la Commission d'enquête internationale indépendante sur la République arabe syrienne, A/HRC/48/70, § 109 ; en 2020, dans un précédent rapport, la commission d'enquête notait qu'à la date du 20 juin 2020, aucun procès n'avait été tenu pour juger des ressortissants de pays tiers pour association avec l'EI (A/HRC/45/31, § 77)

[122] Sur le droit à un procès équitable, v. par ex. P. Dourneau-Josette, « Convention européenne des droits de l'homme – jurisprudence de la Cour européenne des droits de l'homme en matière pénale », Rép. pén. Dalloz, 2021, n° 362 s.

[123] Même rapport, § 118 : « la Commission a des motifs raisonnables de croire que le traitement réservé par les Forces démocratiques syriennes aux détenus pourrait être constitutif de crime de guerre (infliger des traitements cruels et de mauvais traitements aux personnes privées de liberté) »

généraux ou spécialement applicables aux enfants, tels que la Convention internationale des droits de l'enfant (CIDE)[124]. C'est pour cela que la Commission d'enquête des Nations-Unies recommandaient, dès le mois d'août 2021, aux États membres de l'ONU « de rapatrier leurs ressortissants résidant en République arabe syrienne qui seraient associés à Daech, en particulier les enfants avec leur mère, conformément au principe de l'intérêt supérieur de l'enfant et compte tenu également des conditions de vie effroyables dans les camps »[125]).

Mais **la question se pose de savoir si, juridiquement, ces atteintes peuvent être imputées d'une manière ou d'une autre à la France et justifier, le cas échéant, une obligation de rapatriement**. Cette question, inédite jusqu'à peu, a donné lieu à une réponse pour le moins prudente (voire minimaliste) de la Cour de Strasbourg, dont découle une protection résiduelle des droits fondamentaux.

2. La protection résiduelle des droits fondamentaux

La Cour européenne assumant une compétence subsidiaire, c'est sur la base et à la suite de recours (infructueux) portés

---

[124] Adoptée par les Nations-Unies le 20 nov. 1989

[125] Même rapport, § 124 ; dans le même sens, la Rapporteuse spéciale sur la promotion et la protection des droits de l'homme et des libertés fondamentales dans la lutte antiterroriste, Fionnuala Ní Aoláin, indiquait dans un rapport du 3 septembre 2020 (A/75/337, § 37) : « le retour et le rapatriement en urgence des combattants étrangers et de leurs familles présents dans des zones de conflit constituent la seule réponse conforme en droit international à la situation complexe et précaire en termes de droits de l'homme, d'aide humanitaire et de sécurité à laquelle sont confrontés les femmes, les hommes et les enfants détenus dans des camps surpeuplés, des prisons ou ailleurs dans le nord-est de la République arabe syrienne et en Iraq ».

devant les juridictions nationales (2.1) qu'elle a pu être saisie de la question (2.2).

2.1. L'échec des recours au plan interne

Les recours portés au plan interne pour faire rapatrier les familles de djihadistes retenus sur zone sont tous heurtés à la théorie des actes de Gouvernement.

C'est ainsi que le Tribunal administratif de Paris a été saisi de quatre référés-liberté formés par des ressortissantes françaises (dont Estelle K et Margot D, détenues au camp de Roj avec leurs enfants mineurs), exigeant de l'État français qu'il les rapatrie en raison de leur exposition à des mauvais traitements et à un risque de mort imminent[126]. Mais par deux ordonnances des 9 et 10 avril 2019, le tribunal s'est déclaré incompétent, analysant la décision de non-rapatriement comme un acte de gouvernement, non détachable de la conduite des relations internationales de la France, tout en précisant deux points : d'une part, que le rapatriement demandé « rele[vait] de négociations préalables entre l'État français et les autorités qui contrôlent ce territoire, ainsi que le déploiement de moyens spécifiques, éventuellement militaires, sur le territoire concerné » ; d'autre part, qu'il n'était pas établi que « la France exercerait, par le biais notamment de la présence d'"agents publics", un contrôle sur ce territoire » ou sur ces

[126] « Est-ce que la vie ou la mort de ces enfants peut être conditionnée à un agenda politique, à l'état d'émotion de la population française ? », Dalloz actualité, 8 avr. 2019, obs. J. Mucchielli ; TA Paris, 9 avr. 2019, n°s 1906076/9 et 1906077/9 et 10 avr. 2019, n°s 1906335/9 et 1906679/9

camps[127] (ce qui, déjà, renvoie à l'idée que la France n'exerce aucune juridiction sur ce territoire).

Devant le Conseil d'État, il a été soutenu que l'application de la théorie des actes de gouvernement enfreignait le droit à un recours effectif au sens des articles 13 de la Convention et 16 de la Déclaration de 1789. Mais sans grande surprise, le 23 avril 2019[128], celui-ci a confirmé l'incompétence du juge administratif, estimant que les mesures demandées n'étaient pas détachables de la conduite des relations internationales de la France, concluant qu' « une juridiction n'est pas compétente pour en connaître » (§ 3). L'originalité de la formule employée a été remarquée (de la doctrine administrativiste la plus avisée). Elle sous-entend en effet qu'aucune juridiction n'est compétente, ce qui sonne comme une réponse négative mais « à mots couverts »[129] à la demande faite par deux des quatre requérantes (aff. n°s 429668 et 429669) de saisir la Cour européenne d'une demande d'avis portant sur la conformité de la théorie des actes de gouvernement aux articles 6§1 (garantie générale du droit à un procès équitable, qui inclut le droit d'accéder à un juge) et 13 de la Convention européenne des droits de l'homme (droit à un recours effectif)[130].

---

127 Sur ces ordonnances, V. S. Slama et M.-L. Basilien-Gainche, « Familles de djihadistes français : quels devoirs et obligations pour la France ? », blog du club des juristes, 15 avr. 2019

128 CE 23 avril 2019, n° 429668 ; S. Slama, « L'acte de gouvernement à l'épreuve du droit européen... », AJDA 2019, p. 1644, remettant en cause l'immunité des actes de gouvernement et prônant de les déradicaliser (!), tout du moins de créer une clause de sauvegarde des droits et libertés fondamentaux, pour concilier cette théorie avec l'article 13 de la Convention EDH ; V. égal. AJDA 2019, p. 1803, chron. L. Burgorgue-Larsen

129 S. Slama, art. préc.

130 Elles demandaient également de poser une question préjudicielle à la Cour de justice de Luxembourg portant sur la conformité de la théorie à la Charte des droits fondamentaux de l'UE ; v. S. Slama, préc.

En faisant un léger pas de côté (du côté, précisément, des normes constitutionnelles et non plus européennes), on précisera que la voie de la question prioritaire de constitutionnalité (QPC) a également été explorée dans le cadre d'une nouvelle requête qui demandait au président de la République d'annuler sa décision d'organiser au cas par cas le rapatriement des enfants français[131]. Sans surprise là encore, le Conseil d'État, le 9 novembre 2020, a refusé de renvoyer la question qui soutenait que les dispositions du Code de justice administrative, en ne prévoyant pas la compétence des juridictions administratives pour le contentieux des actes non détachables de la conduite des relations extérieures de la France, méconnaissaient le droit à un recours juridictionnel effectif garanti par l'article 16 de la Déclaration de 1789, ainsi que la compétence confiée au législateur par l'article 34 de la Constitution. La QPC a échoué, « faute de cible législative » [132], le Conseil ayant estimé que « ces articles ne peuvent être regardés comme applicables au litige, au sens de l'article 23-5 de l'ordonnance du 7 novembre 1958 »[133].

Il ne nous appartient pas, pas plus qu'à la Cour européenne d'ailleurs[134], de discuter de cet « îlot de non-droit »[135] représenté par les actes de Gouvernement, mais simplement de constater que, dans un contexte juridictionnel interne complètement bloqué sur cette question du recours contre

[131] Demande rejetée par une ordonnance n° 1910042 du 12 août 2019 du TA de Paris ; confirmée par CA Paris, ord. prés., n° 19PA03083 du 24 janvier 2020

[132] Dalloz actualité, 15 sept. 2020, obs. T. Bigot

[133] CE 9 sept. 2020, n° 439520, AJDA 2020. 2373, concl. A. Lallet

[134] v. l'arrêt du 14 sept. 2022, § 281

[135] B. Seiller, *Droit administratif*, Dalloz, 7e éd., 2018, t. 1, p. 232, cité par E. Aubin, « Le désarroi du droit des étrangers et les hirondelles de Kaboul », AJDA 2021, p. 2532

des décisions de non-rapatriement, le salut était donc attendu du côté de Strasbourg …

2.2. La réponse en demi-teinte de la Cour européenne

Un recours individuel[136] a été déposé contre les ordonnances du Conseil d'État du 23 avril 2019, par les parents de deux Françaises retenues avec leurs enfants dans des camps administrés par les Forces démocratiques syriennes[137].

Les requérants y invoquaient la violation, d'une part, de l'article 3 de la Convention en raison de l'exposition de leurs filles et petits enfants à des traitements inhumains ou dégradants et, d'autre part, de l'article 3§2 du Protocole additionnel n° 4[138] (aux termes duquel « Nul ne peut être privé du droit d'entrée sur le territoire de l'État dont il est le ressortissant ») seul, et combiné avec l'article 13 de la Convention, faute de recours effectif permettant de contester la décision de non-rapatriement. Dans la seconde requête (n° 44234/20), était en outre alléguée la violation de l'article 8 de la Convention garantissant le droit au respect de la vie familiale.

---

[136] *H.F. et M.F. c/ France*, n° 24384/19 et *J.D. et A.D. c/ France*, n° 44234/20 ; requêtes respectivement introduites le 6 mai 2019 et le 7 octobre 2020

[137] La Grande Chambre saisie de deux affaires relatives à la demande de rapatriement de ressortissantes françaises détenues dans un camp en Syrie avec leurs enfants, Communiqué de presse, Greffe, CEDH 097 (2021), 22 mars 2021

[138] Protocole n° 4 à la Convention européenne de sauvegarde des droits de l'homme et des libertés fondamentales, reconnaissant certains droits et libertés autres que ceux figurant déjà dans la Convention et dans le Premier protocole additionnel à la Convention, du 16 nov. 1963

Dès communication de la première requête au Gouvernement français en janvier 2020, plusieurs États membres du Conseil de l'Europe ont demandé à intervenir dans la procédure (la Norvège, le Danemark, le Royaume-Uni, les Pays-Bas et la Belgique ; puis la Suède et l'Espagne). S'y sont joints la CNCDH, le Défenseur des droits, plusieurs rapporteurs spéciaux des Nations-Unies, ainsi que plusieurs ONG, le Commissaire aux Droits de l'Homme du Conseil de l'Europe ayant également exercé son droit de prendre part à la procédure et présenté des observations écrites.

Le 16 mars 2021, la chambre à laquelle les affaires avaient été attribuées s'est dessaisie au profit de la Grande Chambre[139], ce qui a achevé de démontrer l'importance à la fois juridique et politique de la question qu'elles posaient.

L'affaire a été audiencée le 29 septembre 2021[140] et la Grande chambre a fini par rendre son arrêt le 14 septembre 2022[141], soit presqu'un an après.

---

[139] La chambre à laquelle une requête a été attribuée peut se dessaisir au profit de la Grande Chambre si l'affaire soulève une question grave relative à l'interprétation de la Convention ou s'il y a un risque de contradiction avec un arrêt rendu antérieurement par la Cour ; art. 43 de la Conv. EDH

[140] « La question inédite du rapatriement des familles françaises de djihadistes devant la CEDH », Dalloz actualité, 4 oct. 2021, obs. F. Merloz

[141] CEDH, Gde ch., 14 sept. 2022, *H.F et a. c/ France*, n°s 24384/19 et 44234/20, Dalloz actualité, 20 sept. 2022, obs. F. Merloz ; *ibid.* 9 nov. 2019, chron. J.-P. Marguénaud

L'arrêt *H.F. et autres contre France* certes « condamne » la France[142], mais loin de lui infliger « un cuisant échec »[143], il révèle au contraire une grande prudence[144] de la Cour européenne.

Comme on l'a dit, la Cour devait trancher une question préalable, liée à la recevabilité des demandes – celle de la « juridiction » de l'État français à l'égard des enfants et petits-enfants des requérants au sens de l'article 1er de la Convention ; pour ensuite, dans la positive, examiner s'il existe, sur le fondement des articles de la Convention invoqués, une obligation pesant sur l'État français de rapatrier ses nationaux dans le contexte posé[145].

---

142 En réalité les arrêts de la cour sont déclaratoires, ils se contentent de constater ou non la violation de la Convention, donc là oui, il y a au moins une violation de constatée, celle de l'article 3§2 du protocole additionnel n° 4.

143 J.-P. Marguénaud, Chron. préc.

144 F. Merloz, Dalloz actualité, 20 sept. 2022

145 Une question liminaire se posait au regard de l'art. 34 de la Convention : celle de la qualité des requérants à agir au nom et pour le compte de leurs enfants et petits-enfants, victimes directes des violations alléguées de la Convention (exception faite de l'article 8 dont la violation peut être alléguée directement par les époux D.), mais se trouvant dans l'impossibilité matérielle d'agir ; sur ce point, la Cour rappelle, par référence à l'arrêt *Lambert contre France* (CEDH 5 juin 2015, [GC], n° 46043/14, § 102), qu'« un tiers peut, dans des circonstances exceptionnelles, agir au nom et pour le compte d'une personne vulnérable s'il y a un risque que les droits de la victime directe soient privés d'une protection effective et en l'absence de conflits d'intérêts entre cette victime et le requérant auteur de la requête » (§ 148) ; et sur la question de la représentation, elle rappelle également (§ 149), par référence à l'arrêt *Centre de ressources juridiques au nom de Valentin Câmpeanu contre Roumanie* (CEDH 17 juill. 2014 [GC], n° 47848/08, §§ 102 et 103), qu'« une attention particulière est accordée aux facteurs de vulnérabilité, propres à empêcher certaines victimes de soumettre leur cause à la Cour, et aux liens entre la victime et la personne auteure de la requête » (§ 149), estimant qu'il existe ici des circonstances exceptionnelles permettant de reconnaître aux parents et

Sur la **question de la juridiction de la France,** la Cour rappelle que la compétence juridictionnelle d'un État est principalement territoriale, mais que, par exception, des actes accomplis ou produisant des effets en dehors du territoire peuvent s'analyser, selon les circonstances, en l'exercice de la juridiction au sens de l'article 1er de la Convention (§185). Pour savoir si elle doit conclure à un exercice extraterritorial de sa juridiction par la France, la Cour examine plusieurs éléments : le contrôle de la France sur la zone ; le lien juridictionnel découlant de l'ouverture de procédures en France ; enfin, le lien de rattachement à l'État au regard des dispositions en jeu (§190).

Sur les deux premiers points, la Cour conclut que la France n'exerce aucun contrôle effectif sur la zone concernée (la présence militaire est faible, et aucune intervention n'est menée dans les camps) et aucune autorité ou contrôle sur les proches des requérants (aucune action diplomatique n'ayant été menée à leur égard ; §192). Et elle estime qu'il n'existe pas de lien juridictionnel découlant des procédures engagées en France par les autorités (les poursuites pour association de malfaiteurs terroriste ne sont pas en lien avec les violations alléguées de la Convention ; §194) ou par les requérants (ces procédures n'ont pas d'incidence directe sur la question de savoir si les griefs matériels des requérants relèvent de la juridiction de la France ; §195).

Sur l'existence d'un lien de rattachement à l'État (3e critère permettant de conclure éventuellement à la juridiction de la France), la Cour raisonne selon les griefs soulevés. Sur le terrain de l'article 3, la réponse est négative et elle est très claire : « les requérants ne peuvent pas valablement soutenir que la seule décision des autorités françaises de ne

---

grands-parents la qualité à agir en tant que représentants de leurs filles et petits-enfants s'agissant des griefs allégués (§ 152).

pas rapatrier leurs proches a pour résultat de les placer dans le champ d'application de la juridiction de l'État français s'agissant des traitements subis dans les camps syriens sous contrôle kurde » (§203)[146]. Sur le terrain de l'article 3§2 du Protocole n°4, en revanche, la Cour déduit de l'objectif poursuivi par le texte (interdire l'exil)[147], interprété à l'aune du contexte contemporain (celui d'une mondialisation favorisant les mobilités et exposant les États à de nouveaux défis en termes de sécurité et de défense)[148], que « certaines circonstances tenant à la situation de la personne qui prétend entrer sur le territoire de l'État dont elle est la ressortissante […] puisse faire naître un lien juridictionnel avec cet État » (§212)[149]. La Cour conclut alors à l'existence de telles circonstances en l'espèce, de par les multiples demandes de rapatriement formulées, l'impossibilité pour les intéressés de rejoindre les frontières françaises et la volonté exprimée par les autorités kurdes de remettre les femmes et les enfants français aux autorités nationales (§213). **La Cour concède donc, par exception, la juridiction de la France au regard du seul article 3§2 du Protocole n°4, permettant ainsi l'examen de ce grief**.

---

[146] La Cour précise au passage que « ni le droit interne ni le droit international […], n'impose à l'État d'agir en faveur de ses ressortissants et de les rapatrier » (§ 201) ; « la Convention ne garantit pas le droit à une protection diplomatique ou consulaire » (*ibid.*) ; le rapatriement exige de la France qu'elle négocie avec les autorités locales dans tous les cas (§ 202).

[147] « Tant l'objet que la portée de ce droit supposent qu'il puisse bénéficier aux ressortissants de l'État partie qui se trouvent en dehors de sa juridiction » (§ 209)

[148] § 210

[149] La Cour relève encore que « Si l'article 3 § 2 du Protocole n° 4 devait s'appliquer seulement aux ressortissants qui se trouvent à la frontière nationale ou dépourvus de documents de voyage, il se verrait privé d'effet utile à l'égard des phénomènes contemporains précités. » (§ 211)

Comme le rappelle la Cour elle-même, ce texte, qui consacre bien un droit d'entrer du ressortissant sur le territoire national (§244), correspond d'abord à l'obligation négative de l'État, qui doit s'abstenir de priver un national de son droit d'entrer sur le territoire (§250). Mais il emporte également certaines obligations positives aux termes desquelles l'État doit garantir effectivement l'entrée sur le territoire national (§251 ; telle que celle de délivrer à ses nationaux des documents de voyage pour passer les frontières), le choix de ces mesures relevant en principe de sa marge d'appréciation (§252). **Dès lors se posait la question de savoir si l'État français était tenu, sur le fondement de l'article 3§2 du Protocole n°4, de faciliter l'exercice du droit d'entrer sur le territoire national de ses ressortissants détenus en Syrie, et en particulier s'il devait les rapatrier (§254)**.

En réponse, la Cour estime, en se fondant sur les instruments internationaux et l'absence de consensus européen en la matière, qu'« aucune obligation de droit international conventionnel ou coutumier ne contraint les États à rapatrier leurs ressortissants » (§259). Elle affirme ainsi que « les citoyens français retenus dans les camps du Nord-est syrien ne sont pas fondés à réclamer le bénéfice d'un droit général au rapatriement au titre du droit d'entrer sur le territoire national garanti par l'article 3§2 du Protocole n°4 » (*ibid.*), soulignant encore le risque qu'il y aurait à reconnaître un droit individuel à la protection diplomatique qui irait à l'encontre du droit international et du pouvoir discrétionnaire des États (*ibid.*).

Toutefois, au titre des **autres obligations découlant de ce texte**, elle estime devoir vérifier « si l'article 3§2 du Protocole n°4 peut faire naître une obligation positive à la charge de l'État lorsque, eu égard aux particularités d'un cas donné, le refus de cet État d'entreprendre toute démarche conduirait le national concerné à se retrouver dans une situation comparable, *de facto*, à celle d'un exilé » (§260). Ce qui la conduit à rechercher si la situation des proches des requérants était telle qu'il y avait lieu de conclure à l'existence de circonstances exceptionnelles et, dans l'affirmative, déterminer si le processus décisionnel suivi par les autorités françaises avait été entouré de garanties appropriées contre l'arbitraire (§263).

Pour la Cour, de telles **circonstances exceptionnelles** sont établies[150] « compte tenu de la présence d'éléments extraterritoriaux caractérisant l'existence d'un risque d'atteinte à l'intégrité physique et à la vie des proches des requérants, en particulier celles de leurs petits-enfants » (§271).

Concernant le **processus décisionnel**, qui devait donc offrir des garanties appropriées, la Cour rappelle que « les concepts de légalité et d'État de droit requièrent que les mesures qui affectent les droits fondamentaux doivent être soumises à une forme de procédure contradictoire devant un organe indépendant compétent pour examiner les motifs de la décision et les preuves pertinentes, le cas échéant avec des limitations procédurales appropriées pour l'examen d'informations classées secrètes lorsque la sécurité

---

[150] La Cour relève en particulier que : les camps sont placés sous le contrôle d'un groupe armé non étatique ; les conditions de vie y sont incompatibles avec le droit international humanitaire ; le sort de ces femmes ne connaitra pas d'issue sur place (mais en France, où elles sont poursuivies pénalement) ; les Kurdes souhaitent leur rapatriement pour des conditions de sécurité notamment ; plusieurs organisations internationales ou régionales ont appelé au rapatriement des enfants sur le fondement de la CIDE ; enfin, la France a officiellement indiqué que les mineurs détenus en Syrie et en Irak pouvaient être rapatriés.

nationale est en jeu » (§275). Elle estime que « le rejet d'une demande de retour […] doit pouvoir faire l'objet d'un examen individuel approprié, par un organe indépendant et détaché des autorités exécutives de l'État » devant « permettre d'évaluer les éléments factuels et autres qui ont amené ces autorités à décider qu'il n'y avait pas lieu de faire droit à la demande en question » ; l'organe saisi doit « pouvoir contrôler la légalité d'une décision rejetant une telle demande, soit que les autorités compétentes aient refusé d'y faire droit, soit qu'elles se soient efforcées d'y donner suite mais sans résultat » ; et le requérant pouvoir « prendre connaissance, même sommairement, des motifs de la décision et vérifier que ceux-ci reposent sur une base factuelle suffisante et raisonnable » ; enfin, dans le cas d'une demande faite au nom de mineurs, « ce contrôle doit en particulier permettre de vérifier que les autorités compétentes ont effectivement pris en compte […] l'intérêt supérieur des enfants ainsi que leur particulière vulnérabilité et leurs besoins spécifiques » (§276). En somme, il faut qu'existe un mécanisme de contrôle des décisions de rejet, permettant de vérifier que les motifs avancés par les autorités ne sont pas arbitraires.

En l'espèce, la Cour estime que les « garanties » dont ont bénéficié les requérants n'étaient pas appropriées (§278) dès lors que :

- Les requérants n'ont reçu aucune explication quant au refus opposé à leur demande (refus implicite procédant de la mise en œuvre à leur égard d'une politique suivie par la France, qui avait pourtant assuré le retour de plusieurs mineurs) (§280)
- Devant les juridictions internes, l'immunité des actes de Gouvernement leur a été opposée et les requérants ont donc été privés d'un contrôle

indépendant des décisions implicites de refus de rapatriement prises à leur égard (§282-283)

L'examen des demandes de retour formulées par les requérants au nom de leurs proches n'ayant pas été entouré des garanties appropriées, l'article 3§2 du Protocole n°4 a donc été violé. C'est donc sur ce fondement (seulement) que la France est « condamnée », la Cour enjoignant au Gouvernement français, au titre de l'article 46, de « reprendre l'examen de ces demandes dans les plus brefs délais en l'entourant de garanties appropriées contre l'arbitraire » (§295).

Que retenir de cet arrêt ? Qu'il s'agit certainement d'une avancée sur le plan des droits humains, mais permise par une lecture minimaliste des dispositions conventionnelles. La Cour n'y reconnaît pas un droit général au rapatriement (et elle le scande plusieurs fois dans cet arrêt long de 114 pages, sans doute pour rassurer les Hautes parties contractantes, spécialement celles impliquées dans cette problématique) mais elle explique que, sur le fondement de l'article 3§2 du Protocole additionnel n°4 (disposition jusqu'alors assez « confidentielle » dans la jurisprudence européenne), la Convention garantit, dans de telles circonstances exceptionnelles, le droit à un examen « approprié » (c'est-à-dire offrant des garanties contre l'arbitraire) des demandes de rapatriement formulées. Sa réponse apparaît donc prudente et mesurée au regard des enjeux politiques, passant par le maintien du principe de territorialité pour conditionner la juridiction de l'État.

Est-ce pour autant une victoire à la Pyrrhus ? Il est permis de le penser si l'on raisonne sur le seul plan du droit. Comme certains l'ont écrit, cet arrêt de Grande chambre préserve sans doute davantage l'intérêt de l'État que celui des individus. Jean-Pierre Marguénaud estime ainsi qu'« après une sauvegarde aussi énergique du pouvoir discrétionnaire de l'État dans la conduite des relations internationales, l'exigence de garanties suffisantes contre l'arbitraire dans l'examen des demandes de retour fait figure de compensation concédée *in extremis* au nom de l'intérêt supérieur des enfants qui étaient nombreux en l'espèce »[151]. Face à l'épineuse question qui lui était posée, on se réjouira que la Cour ait *a minima* fait cette concession …

---

[151] Dalloz actualité, chron. préc.

Les enfants abandonnés dans les camps du Nord-est syrien : une maltraitance d'État

Marie DOSÉ

En 2018, une femme d'une cinquantaine d'années est entrée dans mon cabinet et m'a demandé de l'aider à obtenir le rapatriement de sa fille, âgée de 25 ans, et de ses deux petits-enfants de moins de deux ans. Ils étaient tous trois prisonniers dans le camp Roj du nord-est syrien depuis plusieurs semaines. Je me souviens lui avoir répondu qu'elle n'avait pas besoin d'un avocat et qu'il suffisait d'écrire au quai d'Orsay pour signaler leur présence et demander leur rapatriement. Sa fille, comme toutes les femmes parties en zone irako-syrienne, était judiciarisée en France et ne pouvait être jugée nulle part ailleurs : le Nord-est syrien est un territoire autoproclamé autonome, pas un État souverain, et la création d'un tribunal pénal international ad-hoc dans une zone aussi instable était et demeure inenvisageable.

Toutes ces femmes sont sous le coup d'une enquête préliminaire, et donc d'un mandat de recherche délivré par le parquet national anti-terroriste, ou d'une information judiciaire confiée à un juge d'instruction antiterroriste, et donc d'un mandat d'arrêt international. Elles sont judiciarisées depuis leur départ de France, et la période de prévention du crime qui leur est reprochée, l'association de malfaiteurs à caractère terroriste, commence du jour où elles préparent leur départ au jour de leur arrestation par les forces kurdes. Après cinq années passées dans les camps pour certaines de ces femmes, la période de prévention finit par être plus courte que celle de leur détention arbitraire dans les camps du Nord-est syrien… et risque fort, le jour de leur comparution devant la cour d'assises spécialement composée, de représenter moins d'un tiers de la durée de leur incarcération au Rojava puis en France.

Car cinq années après que cette femme soit entrée dans mon cabinet pour me saisir de ce premier dossier, il reste une centaine d'enfants et leurs mères prisonniers dans les camps.
La réalité est que la France, comme d'autres pays européens, ne pouvait imaginer qu'autant de femmes, d'hommes et d'enfants sortiraient vivants de Baghouz, le dernier bastion de l'État islamique. La France n'avait pas envisagé que près de 300 enfants et leurs mères survivraient aux bombardements de Baghouz et sortiraient vivants de cet enfer avant d'être emmenés dans les camps de Al Hol, de Roj ou d'Aïn Issa.

Plus des trois quarts des femmes et des enfants prisonniers dans ces camps ont vécu et survécu à Baghouz. Ils s'entassaient dans des trous, sans nourriture, sans eau, et ont regardé les corps tomber. Certaines femmes ont accouché de leurs enfants là-bas, entre deux bombardements et dans les pires conditions. Certains enfants ont enterré leurs frères et sœurs, d'autres ont regardé partir leur mère chercher de la nourriture et ne l'ont plus jamais revue. D'autres enfin, gravement blessés, ont assisté, sidérés, à des scènes de guerre qu'ils n'oublieront jamais, et sont devenus orphelins de père et de mère dans ces trous.

En sortant de Baghouz, en montant dans les camions à bestiaux qui les ont emmenés dans les camps du Rojava, ces enfants étaient meurtris, traumatisés, affamés, épuisés et abêtis. Ils étaient devenus ce que la guerre produit de pire. Des centaines d'enfants sont morts à Baghouz, des enfants qui n'auront jamais eu de tombe, des enfants nés en France, parfois scolarisés en France, qui ont agonisé à petits feux dans l'enfer de Baghouz et dont on ne saura plus jamais rien. Des enfants fantômes, que la faute de leurs parents a rendus invisibles.

Quelques jours après la chute de Baghouz, la France s'est employée à organiser le rapatriement de tous ses ressortissants majeurs et mineurs. Elle a répertorié tous les Français entrant dans les camps et dans les prisons du Rojava. Enfants orphelins ou non, adolescents, femmes et hommes français ; tous devaient être rapatriés dans deux avions distincts mis à la disposition de la France. Le plan de rapatriement était précis, les autorités françaises étant renseignées sur l'identité des Français concernés, leur état civil, leur localisation, leur date d'entrée dans les camps ou les prisons du Rojava, et la durée de leur séjour en zone irako-syrienne. Il était précisé, au sein du plan de rapatriement en question, le numéro d'avion dans lequel chacun d'eux devait monter.

À la toute fin du mois de janvier 2019, le Premier Ministre, la Garde des Sceaux et le Ministre de l'Intérieur ont publiquement affirmé avoir « fait le choix de la préférence du contrôle et donc du rapatriement », précisant que ce choix s'imposait pour des raisons de sécurité et que ces femmes et ces hommes étaient français avant d'être djihadistes.

Les assistantes maternelles ayant vocation à accueillir ces enfants à leur arrivée ont été priées de ne pas éteindre leurs portables la nuit, et les magistrats antiterroristes ont invité les avocats concernés à reporter leurs vacances de février.

Tout était prêt.

Quelques jours avant l'opération en question, la chaîne BFMTV annonçait le plan de rapatriement en exclusivité, contraignant les autorités françaises à le reporter pour d'évidentes raisons de sécurité. Entre-temps, un sondage rendu public par Radio France révélait que 67 pour cent des Français étaient hostiles au retour des enfants. La question posée par l'institut de sondage Odoxa était celle-ci : « À propos des enfants de djihadistes emmenés en Syrie ou en Irak par leurs parents ou nés sur place, souhaitez-vous plutôt que la France fasse le maximum pour les faire revenir ou qu'elle laisse l'Irak et la Syrie s'en occuper » ? Et les Français de préférer ne pas s'en occuper. La perversité de cette question doit être soulignée tant elle induit, nécessairement, une réponse négative. Car si le sondeur avait joué la carte de l'honnêteté intellectuelle, s'il avait pris en considération la réalité géopolitique qui s'imposait pourtant à cet instant précis, il aurait demandé aux personnes interrogées si elles préféraient que la France rapatrie des enfants polytraumatisés qui représentent en tout et pour tout sept classes de maternelle, ou qu'elle les laisse exposés à des traitements inhumains et dégradants dans des camps sordides du Nord-est syrien, sous des tentes de fortune, sans accès aux soins, à l'école, ou à l'eau potable.

Le sondage a eu tôt fait de refroidir les gouvernants qui ont reculé et ont laissé pourrir la situation sur place. En France, la révolte des gilets jaunes, la crise sanitaire et la courte durée d'un quinquennat - qui implique qu'un Président à sa propre succession est en campagne deux ans avant la fin de son mandat - ont fait le reste. Les enfants et leurs mères ont été abandonnés dans les camps de Al Hol et de Roj durant quatre ans, parfois plus. Le temps d'une enfance.
La politique dite du cas par cas, assumée pendant trois ans, fut celle du fait du prince. Sélectionner les enfants que la France rapatrie et laisser les autres derrière elle, séparer les

fratries, arracher les enfants à leurs mères et les ramener seuls en France. Certains enfants se sont levés chaque matin en France, 18 mois durant, sans savoir si leurs mères et leurs frères et sœurs étaient, ou non, toujours vivants sous la tente qu'ils avaient partagée. La politique dite du cas par cas n'a eu qu'un dessein : rapatrier certains orphelins, les tout petits mais pas les autres, et éviter qu'un enfant français ne meure dans ces camps alors que la Cour européenne des droits de l'homme, le Comité international des droits de l'enfant et le Comité contre la torture des Nations Unies étaient saisis.

Les Kurdes du Rojava, eux, n'ont cessé de demander aux pays concernés, et tout particulièrement à la France, de rapatrier leurs ressortissants.

En France, les procédures se sont multipliées pour tenter d'obtenir le rapatriement de tous. Des plaintes avec constitution de parties civiles ont été déposées pour détention arbitraire, et la Cour de Justice de la République a été saisie à plusieurs reprises contre le Ministre des Affaires étrangères du chef d'omission de porter secours, infraction prévue et réprimée par l'article 223-6 du Code pénal.

Des requêtes introductives d'instance contre les refus implicites de rapatrier chaque femme et ses enfants ont été déposées devant les juridictions administratives et se sont évidemment heurtées à la théorie des actes de gouvernement.

Parallèlement, et pour tenter de contrer la notion d'actes de gouvernement insusceptibles de recours, les avocats ont saisi en référé le Président du Tribunal judiciaire de PARIS sur le fondement de la voie de fait, considérant que la décision de ne pas rapatrier les enfants et leurs mères était insusceptible de se rattacher à un pouvoir appartenant à l'autorité administrative. Il résulte en effet de la décision du Tribunal des conflits en date du 17 juin 2013 que, pour caractériser la voie de fait, la décision doit avoir « les mêmes effets d'atteinte à une liberté individuelle ou d'extinction d'un droit de propriété » et doit être « manifestement insusceptible d'être rattachée à un pouvoir appartenant à l'autorité administrative ». La décision de l'administration – qui peut résulter d'une action ou d'une omission - doit donc avoir *pour effet* de porter atteinte à la liberté individuelle, et l'administration doit avoir agi en dehors de ses compétences légales ou de ses pouvoirs, commettant de ce fait une illégalité grossière.

Or, avançaient les avocats, l'administration ne peut légalement décider de s'abstenir de porter assistance à ses nationaux qui subissent des traitements inhumains et dégradants ou une atteinte à leur intégrité physique ou à leur vie, dès lors qu'elle est en capacité de le faire. Et les rapatriements d'une quinzaine d'orphelins dans le cadre de la politique dite « du cas par cas » démontraient que les autorités françaises bénéficiaient d'une influence déterminante sur les autorités locales qui géraient ces camps pour organiser ces rapatriements dans des conditions de sécurité satisfaisantes.

Comme l'a noté le Défenseur des droits dans des recommandations portant sur cette question : « *L'État français intervient dans le nord de la Syrie dans le cadre de l'opération militaire Chammal depuis la décision en ce sens du président de la République du 8 septembre 2015 et dans le cadre de la résolution 2249 (2015) adoptée par le Conseil de sécurité des Nations unies, qui lui permet de prendre toutes mesures nécessaires à la lutte contre le terrorisme en Syrie. La France « œuvre pour la stabilisation des zones libérées de Daech dans le nord de la Syrie », ainsi que pour la structuration d'une*

« gouvernance » au nord de la Syrie. À cette fin, la France a mis en place un partenariat militaire et diplomatique avec les forces démocratiques syriennes, notamment dans l'établissement d'un dialogue avec la Turquie. Selon les déclarations du ministre de l'Europe et des Affaires étrangères, ce partenariat consiste à mener avec les forces démocratiques syriennes un « combat commun » contre le terrorisme. En ce sens, Monsieur Bernard BAJOLET, ancien directeur de la Direction générale des services extérieurs, a souligné lors de son audition par la Commission des affaires étrangères, de la défense et des forces armées du Sénat le 6 mars 2019, que « la France a [...] soutenu un certain nombre de groupes d'opposition. En particulier les Kurdes, pas pour des raisons idéologiques mais parce qu'il s'agit des partenaires les plus fiables dans la lutte contre Daesh que nous n'aurions pas pu vaincre sans eux. [...] C'est grâce aux Kurdes, aux Forces démocratiques syriennes aussi, que Daesh a été chassé du nord de la Syrie. Nous les avons beaucoup aidés, la France était à Kobané bien avant les Américains ». L'importance et la continuité de ce soutien et de cette collaboration ont également été évoquées lors d'une conférence de presse conjointe le 25 février 2019 avec le Président de la République d'Irak, s'agissant de la situation de certains ressortissants français capturés au nord de la Syrie puis transférés en Irak. L'influence décisive de la France sur les forces démocratiques syriennes a en outre été précisée dans un communiqué du 15 mars 2019 dans lequel le ministère de l'Europe et des Affaires étrangères indique que « La France a procédé ce jour au retour de plusieurs mineurs orphelins et isolés, âgés de 5 ans et moins, qui se trouvaient dans des camps du nord-est de la Syrie », tout en remerciant « les Forces démocratiques syriennes de leur coopération, qui a rendu possible cette issue ». Elle a été confirmée dans un

communiqué de presse du 19 avril 2019 de la présidence de la République, relatant la réception d'une délégation des forces démocratiques syriennes durant laquelle « [le président de la République] les a assurés de la poursuite du soutien actif de la France dans la lutte contre Daech, qui continue de représenter une menace pour la sécurité collective, et notamment dans la gestion des combattants terroristes faits prisonniers et de leurs familles (...). L'influence militaire et politique exercée par la France dans cette zone concernant le contrôle de la situation des enfants français et de leurs mères retenus par les forces démocratiques syriennes, résultent des obligations conventionnelles liant la France » (Décision du Défenseur des droits n°2019-129, 22 mai 2019).

En se dispensant d'ordonner le rapatriement de citoyens français détenus arbitrairement, l'État français prenait donc une décision insusceptible de se rattacher à ses prérogatives dès lors qu'il ne pouvait légalement refuser d'exercer ses compétences qui permettraient de mettre à l'abri ses ressortissants. En outre, la décision de refus de rapatrier portait nécessairement atteinte au droit à la liberté et à la sûreté consacré notamment par l'article 66 de la Constitution et l'article 5 de la Convention européenne de sauvegarde des droits de l'Homme. Enfin, relevaient les avocats, l'immunité juridictionnelle réservée aux « *actes de gouvernement* » conduisait à entériner un déni de justice contraire aux articles 6§1 et 13 de la CESDH (combiné aux articles 2 et 3), dès lors que la Cour européenne des droits de l'Homme avait déjà jugé qu'une décision d'une cour suprême nationale ne pouvait consacrer une immunité, en fait ou en pratique ayant « pour effet de soustraire arbitrairement à la compétence des tribunaux » toute action à leur encontre (CEDH 14 déc. 2006, n°1398/03, *Markovic c/ Italie*, §113-114). Comme le notait le Professeur Jean-François Flauss dès 1991 : « il n'est guère contestable que

l'article 13 garantit un recours contre tout acte, y compris les actes de gouvernement » (J.-F. Flauss, « Le droit à un recours effectif. L'article 13 de la Convention européenne des droits de l'homme », *RUDH*, 1991, p.331).
Sur ce point, Commission nationale consultative des droits de l'Homme avait indiqué, dans un avis en date du 24 septembre 2019 : *« La CNCDH regrette le déni de justice issu de l'application au cas d'espèce de la jurisprudence relative aux actes de gouvernement. En avril 2019, les juridictions administratives se sont en effet déclarées incompétentes, conformément à une jurisprudence traditionnelle, pour statuer sur la demande de rapatriement de deux mères françaises retenues en Syrie et de leurs enfants, considérant que cette question n'était « pas détachable de la conduite des relations internationales de la France ». La CNCDH estime, pour sa part, que l'immunité juridictionnelle dont bénéficient ces actes de gouvernement devrait être écartée lorsqu'un droit fondamental à valeur constitutionnelle ou conventionnelle est en cause. »*
Dans ces conditions, affirmaient les avocats, et sauf à avaliser un déni de justice, la décision de refus de rapatrier ne saurait être classée parmi les actes de gouvernement dès lors qu'il est démontré qu'elle revêtait toutes les caractéristiques de la voie de fait.
La Commission des requêtes de la Cour de Justice de la République et le Doyen des Juges d'instruction ont peu ou prou avancé les mêmes arguments pour classer nos requêtes pour la première, et refuser d'informer pour le second.
Rien ne démontrait le caractère arbitraire de la détention de ces femmes ni leur volonté d'être rapatriées assuraient la Commission et le Doyen. Surtout, les décisions de classement et de refus d'ordonner mettaient en exergue la prétendue impossibilité pour les personnes mises en cause d'agir et de rapatrier dans un territoire où la France ne

disposait pas de représentation nationale. Il importait peu que des rapatriements étaient organisés dans le cadre de la politique dite du « cas par cas » ou qu'une petite-fille française sur le point de mourir dans le camp ait été rapatriée par la France, en quelques heures et en pleine crise sanitaire internationale ; rien ne démontrait que la France avait les moyens de rapatrier des femmes qui, par ailleurs, préféraient probablement rester dans les camps. De telles motivations, et tout particulièrement celle de la Commission des requêtes de la Cour de Justice de la République, étaient d'une telle mauvaise foi que tous nos espoirs se sont tournés vers le juge judiciaire, garant des libertés, et sur la voie de fait. Malheureusement, celui-ci a fait droit au déclinatoire de compétence de la Préfecture et s'est, à son tour, déclaré incompétent.

Ne restait plus que la Cour européenne et les Comités onusiens.

Je veux revenir, à ce stade, sur le cas d'une femme gravement malade, mère d'une petite fille de 3 ans en arrivant dans les camps, que la France a refusé de rapatrier. À 42 reprises, entre mars 2019 et décembre 2021, nous avons alerté les autorités sur la dégradation de l'état de santé de cette femme insulino-dépendante qui ne bénéficiait d'aucun soin dans le camp Roj. Sa petite-fille l'a regardé agoniser pendant plus de trois ans, et les autorités françaises ont organisé plusieurs opérations de rapatriement « au cas par cas » en laissant à chaque fois et en toute connaissance de cause cette petite fille et sa mère derrière elle. La Commission des requêtes de la Cour de Justice de la République a, concernant cette femme en particulier, déclaré nos plaintes irrecevables, et toutes nos demandes de rapatriement sanitaire ont été refusées. En décembre 2021, cette femme est morte devant sa petite fille de 6 ans, dans sa tente. Elle a été enterrée dans le camp Roj. L'enfant a été confiée à d'autres femmes, en attendant que la France

daigne la ramener. Il a fallu attendre sept mois pour que les autorités la prennent en charge et la ramènent en France.
Nous avons donc très vite saisi le Comité des droits de l'enfant et le Comité contre la torture des Nations Unies en mettant en exergue les traitements inhumains et dégradants auxquels les enfants et leurs mères étaient exposés.
Les conditions de vie dans les camps ont été renseignées dès 2019, et nul n'a jamais contesté la violence physique et psychologique que ces enfants et leurs mères endurent sous leurs tentes. Les températures sont supérieures à 40 degrés l'été, et avoisinent moins 10 degrés l'hiver. Les enfants ne sont pas vaccinés, et ne bénéficient d'aucun soin. L'eau n'est pas potable, et personne ne peut survivre dans ces camps sans une aide financière extérieure. Surtout, la plupart des enfants arrivés dans les camps Roj et Al Hol sont profondément traumatisés, blessés, malnutris et affaiblis. Et la violence des camps a nécessairement ajouté du traumatisme au traumatisme. Les enfants blessés n'ont pas été soignés, et aucune prise en charge psychologique n'existe. Ils n'ont pour seul refuge et réconfort que leurs mères, elles-mêmes atteintes psychiquement et physiquement par des années de guerre et de violence. Et parce que le Rojava n'est pas un État souverain, l'aide humanitaire ne parvient pas ou si peu dans les camps.

Certains pays européens ont fait le choix de missionner dans les camps des professionnels de l'enfance, médecins et psychologues. Pas la France. D'autres pays européens ont mis en place des cours d'apprentissage de la langue du pays de nationalité des enfants concernés. Pas la France. Il n'existe, dans ces camps, aucune trace de la France, si ce n'est le nombre conséquent d'enfants français, le plus important de tous les pays européens. La France assure apporter une aide matérielle dans les camps du Rojava mais aucun médecin français, aucun pédiatre, aucun pédopsychiatre français n'a jamais été missionné par les autorités françaises dans les camps du Rojava. Pire, lorsque deux grands-parents ont voulu rencontrer leurs quatre petits-enfants enfermés dans cette prison à ciel ouvert, en 2019, la France leur a interdit l'accès au camp. « C'est pas nous, c'est la France » leur a répondu le garde kurde à l'entrée du camp, tandis que d'autres grands-parents européens y entraient pour retrouver leurs petits-enfants, ne serait-ce qu'un court instant.

La France joue un rôle important au Rojava. Mais en toute discrétion, en catimini, et ce qu'elle joue est parfaitement étranger à l'intérêt supérieur des enfants qu'elle abandonne. Puisque les Kurdes de Syrie persistaient inlassablement à appeler les pays étrangers à rapatrier leurs ressortissants et que nombre d'entre eux, la France en tout premier lieu, rechignaient à faire preuve d'humanité et de responsabilité, le refus de rapatrier est devenu la genèse des souffrances endurées. Le Comité des droits de l'enfant fut le premier à condamner la France. Le 24 février 2022, le Comité a estimé que la France violait les articles 3, 6 et 37a de la Convention, et donc l'intérêt supérieur de l'enfant, son droit à la vie et son droit à la protection contre les traitements inhumains et dégradants. La France, certes, ne détient pas ces enfants, précise le Comité, mais elle est responsable de leur maintien en détention dans des conditions sordides.

En réaction à cette condamnation, la France s'est tue. Elle n'a pas jugé cette condamnation et ces enfants suffisamment dignes d'importance pour réagir. Elle a préféré, par la voix de son Président, célébrer en grande pompe l'anniversaire de la Convention et missionner le merveilleux pédopsychiatre Boris Cyrulnik pour rappeler combien « les 1000 premiers jours de l'enfant constituent une période essentielle pour le bon développement et la construction de l'enfant, et conditionnent sa santé et son bien-être tout au long de sa vie ». Pendant ce temps, plus de 200 enfants fantômes auxquels les autorités françaises ne font jamais référence souffraient dans des prisons à ciel ouvert en zone de guerre.

La Cour européenne des droits de l'homme, elle, a fini par condamner la France trois années après avoir été saisie. Car là aussi, force est de constater que le temps d'instruction des plaintes et requêtes auprès des comités onusiens et de la Cour européenne ne répond en rien à l'urgence du drame qui se joue sous leurs yeux. La Cour européenne a retenu l'urgence et a saisi la grande chambre, mais il lui a fallu plus de trois années pour rendre sa décision, dont une année entière de délibéré. Et trois années, pour un enfant rentré dans les camps à deux ou trois ans comme la grande majorité d'entre eux, c'est toute une enfance.

Le 14 septembre 2022, la Cour européenne condamnait donc la France par un arrêt rendu en grande chambre, pour avoir violé le protocole numéro 4 (article 3 paragraphe 2) de ladite Convention qui interdit à un État partie de refuser à un de ses ressortissants l'accès au territoire dont il a la nationalité. La Cour européenne a considéré que les refus de rapatrier français étaient arbitraires et devaient être contrôlés par une instance juridictionnelle et/ou indépendante en prenant en considération le principe d'égalité entre les enfants, leur particulière vulnérabilité, leurs conditions de vie, et l'intérêt supérieur de ces derniers.

Une condamnation sur le fond, qui ne dit pas son nom. Et, peu ou prou, la fin de l'acte de gouvernement.

Quatre mois plus tard, le Comité contre la torture des Nations Unies condamnait à son tour la France en estimant qu'elle ne prenait pas « les mesures législatives, administratives et judiciaires efficaces pour empêcher que des actes de torture soient commis ».

La notion de « juridiction » fut au cœur de ces trois décisions, et la Cour européenne fut la plus frileuse à admettre l'existence d'un lien juridictionnel suffisant entre ces enfants, leurs mères et la France au vu des circonstances exceptionnelles caractérisées par « l'existence d'un risque d'atteinte à l'intégrité physique et à la vie des proches des requérants, en particulier celles de leurs petits-enfants ».

Il reste une centaine d'enfants français dans les camps du Nord-est syrien. La France, acculée, a rapatrié les premiers enfants avec leurs mères en juillet 2022. Depuis lors, deux autres opérations ont été réalisées. Les enfants restés dans les camps les regardent se vider en se demandant pourquoi pas eux. Ils voient leurs copains rentrer chez eux avec leurs mères, et ne comprennent pas. Ces enfants ne sont ni « les enfants de Daech », ni « les enfants de djihadistes », ni, et ce fut tellement difficile de l'entendre, « les enfants du djihad ». Ils sont des enfants doublement victimes ; du choix de leurs parents, et du choix d'un pays qui les a abandonnés des années durant, toute leur enfance, dans des camps insalubres. Ils sont, s'il faut les qualifier (mais depuis quand affuble-t-on des enfants du crime de leurs parents), « les enfants des camps ». Car tous ou presque sont entrés dans les camps de Roj, d'Al Hol et d'Aïn Issa alors qu'ils n'avaient pas 6 ans. Plus de la moitié d'entre eux avaient moins de trois ans et certains y sont nés. Ces enfants ne garderont de la Syrie que les images des camps qui les ont si mal et si violemment abrités. Et cette maltraitance-là, cette maltraitance qui s'est ajoutée à tous les traumatismes auxquels ils ont été exposés, aurait pu être évitée. C'est une maltraitance d'État. La maltraitance d'un pays qui a fait le choix de les sacrifier des années durant en tentant de les rendre invisibles.

Le pouvoir de résilience des enfants est incommensurable, mais il faudra un jour admettre et leur dire, humblement, que la France a failli, les a abandonnés, leur a fait payer lâchement la faute de leurs parents, et aurait dû les protéger et les ramener tout de suite dans leur pays. Il existe une autre France, celle qui s'est battue pour eux et pour qu'ils rentrent. Des députés, des sénateurs, tant d'ONG, des avocats, des artistes et des personnalités se sont mobilisés toutes ces années pour demander leur rapatriement. Des films ont été tournés et diffusés, des colloques ont été organisés, et tant de citoyens se sont scandalisés. Il faut qu'ils le sachent, qu'ils sachent que leur histoire est aussi celle de milliers de Français qui ont œuvré à leur retour en France.
Leur histoire et leur état civil sont et seront lourds à porter. Mais leur avenir dépend de nous et de notre propension à réparer le mal qui a été fait. Prenons-en soin.

2ème partie : les terroristes sur le sol français, entre prévention et sanction

La coordination de la lutte anti-terroriste en France

Amin BOUTAGHANE

1. Introduction : 50 ans de terrorisme contemporain touchant la France. Une réponse structurelle évolutive

1.1. Un contexte historique :

1.1.1 - Le XXe siècle – Un court rappel

Après une histoire lourde d'épisodes tragiques, marquée, au XXe siècle, par deux guerres mondiales meurtrières qui l'ont largement affectée et de multiples conflits régionaux et coloniaux où son implication politique n'était pas neutre, la France a dû gérer un certain nombre de crises terroristes liées en partie à sa décolonisation et en particulier aux événements d'Algérie. Notablement, l'affrontement d'un mouvement de libération nationale, le FLN, et d'une résistance à l'abandon de l'Algérie française animée par des colons et certains militaires opposés aux accords d'Évian, l'Organisation Armée Secrète (OAS).

Terrorisme ou résistance, ces mouvements armés devenaient de fait beaucoup plus difficiles à appréhender et catégoriser, au contraire des FFI ou FTP ayant pu conquérir leurs lettres de noblesse face à l'envahisseur nazi et au secours des alliés.
Tragiquement, les contingents africains engagés dans la victoire (Tirailleurs sénégalais pour l'Afrique noire et Algériens indigènes pour le Maghreb), dont les survivants réclamaient un statut de français à part entière, n'ont pu

obtenir satisfaction et ont même été sévèrement réprimés, notamment en Algérie le 8 mai 1945, jour de l'Armistice (Sétif, Guelma, Kherrata en pointe dans l'est du pays) à l'occasion duquel les revendications étouffées se soldèrent par des milliers de morts, événements qui constituent l'origine principale de la montée en puissance du mouvement pour l'auto-détermination (MPA) dont le but n'était clairement pas l'affranchissement par rapport à la France mais le rétablissement de droits et la prise en compte d'identités à respecter à l'aune de la victoire face à la dictature et à l'impérialisme nazi.

La demande de France était même forte chez une majorité d'Algériens mais, du fait de la volonté d'ulémas inquiets d'une intégration sociétale susceptible de nier le fait religieux, il est vrai peu radical à ce moment-là, l'incompréhension s'est finalement installée durablement, contribuant à une spirale politique et insurrectionnelle conduisant à la pire fin de la présence française dans cette partie si riche de son empire colonial.

Plus globalement, tout en jouant, de fait, d'une indépendance d'apparence dans les recompositions territoriales nées d'accords internationaux mal appliqués[152]

---

152 Les accords secrets Sykes-Picot, entre la France et le Royaume-Uni, ont remodelé le Proche-Orient en 1916, marquant la fin et le dépeçage de l'Empire ottoman, allié de l'Allemagne, en cinq zones redistribuées en rupture des intentions initialement affichées, notamment concernant la Palestine qui devait devenir une zone internationalisée et passera sous bannière britannique, en ne respectant aucunement les vœux d'indépendance des populations locales. La conséquence finale, avec la maturation et l'avènement de la création de l'État d'Israël à la fin du mandat britannique en 1948, sera la cohabitation difficile avec le peuple palestinien, la guerre des Six Jours avec l'Égypte en juin 1967 et l'émergence de groupes armés palestiniens terroristes (OLP devenue l'Autorité palestinienne, Hamas, FPLP...) qui internationaliseront rapidement leur combat.

ou dont elle était exclue[153], la France a progressivement abandonné ses places fortes extramétropolitaines et laissé d'autres acteurs étatiques remplacer son influence politique, économique ou diplomatique dans un jeu de chaises musicales éminemment compliqué par le durcissement de la guerre froide est-ouest et les idéologies, notamment « socialistes », ayant volé au « secours » des peuples libérés.
La fin de la France du Général de Gaulle, agitée par les événements déstabilisateurs de mai 1968, se caractérisera par un recentrage politique progressif puis, en 1981, par l'arrivée de la gauche au pouvoir pour la première fois sous la cinquième république.

Dès la fin des années 1960, la France connaîtra une survenance de radicalités, pour certaines à caractère terroriste.

La consécration d'une mouvance libertaire et anarchisante par les événements de mai 1968 et la réponse de mouvements d'extrême droite, pour certains ouvertement néo-nazis (Occident, Ordre nouveau, FANE -Fédération d'Action Nationaliste et Européenne-, Skinheads…), la volonté autonomiste, voire indépendantiste de contrées françaises, anciennes ou plus récentes, comme la Bretagne dans le premier cas et la Corse dans le second, vont se traduire par l'émergence de mouvements armés (FLB, ARB / FLNC et ses nombreuses variantes).

---

[153] La Conférence de Yalta ayant réuni en février 1945 l'Union soviétique, les États-Unis d'Amérique et le Royaume-Uni, autour d'un partage du monde ignorant notre pays tout en consacrant un conflit durable Est-Ouest et en installant une poudrière au cœur du Proche et du Moyen-Orient).

Sans compter l'émergence de l'indépendantisme basque (ETA) sous Franco en Espagne et qui perdurera après lui pour toucher la France comme base de repli d'abord, puis comme berceau d'une organisation politique armée du côté intérieur de la frontière, Iparretarrak, dès 1973.

L'exportation des vives tensions israélo-palestiniennes, par ailleurs, se retrouvera rapidement sur le devant de la scène terroriste avec le massacre d'athlètes israéliens aux Jeux Olympiques de Munich de 1972, revendiqué par le groupe « Septembre Noir ». La sympathie affichée par de nombreuses mouvances politiques dans le monde pour la cause palestinienne fera de ce risque une constante des dernières décennies.

1.1.2 - 50 ans de terrorisme contemporain

L'ensemble de ces menaces peut être considéré comme le début des 50 années de terrorisme contemporain qui ont impacté notre pays, directement ou indirectement, du début des années 1970 à aujourd'hui.

1.1.2.1 – Une dérive terroriste de plusieurs natures

On notera ainsi, à la fin des années 1970, l'avènement de la première république islamique, en Iran, qui bien que d'essence chiite, inspirera, par sa réussite sur la durée, de nombreux combats terroristes sunnites ultérieurs. L'Iran, comme la Libye, le Liban ou la Syrie, sera souvent à l'origine de commandites terroristes que l'on peut clairement qualifier d'étatiques, utilisant des groupes entraînés dans leurs camps et financés par eux comme exécuteurs de leurs volontés déstabilisatrices.

Ainsi l'Iran, dans son exigence de voir la France respecter les accords sur le nucléaire pris avec le Shah quant à la participation iranienne au projet Eurodif, et se considérant méprisée par les refus ou explications dilatoires de notre pays, sera l'un des états les plus actifs dans ce domaine, allant jusqu'à utiliser Action Directe pour certaines cibles symboliques, désignées par les Gardiens de la Révolution iraniens, comme le Général René Audran, ingénieur général de l'Armement, tué le 25 janvier 1985 devant chez lui à La Celle-Saint-Cloud, et Georges Besse, PDG de Renault, assassiné le 17 novembre 1986 à Paris.

De 1980 à 1984, plusieurs groupes terroristes internationaux frappèrent notre pays, directement ou indirectement :

- Les Fractions Armées Révolutionnaires Libanaises (FARL) qui ont assassiné l'attaché militaire américain Charles Ray le 18 janvier 1982 et le 2èm[e] secrétaire de l'Ambassade d'Israël en France, Yacov Barsimentov, le 3 avril suivant.
- L'ASALA (Armée Secrète pour la Libération de l'Arménie) qui assassina quant à elle deux diplomates turcs le 4 mars 1981, prit des otages au Consulat Général de Turquie le 24 septembre 1983 et commit un attentat meurtrier à Orly le 15 juillet 1983 (8 morts, 56 blessés).
- Carlos et sa « franchise de mercenaires » au service des causes les plus extrêmes provoqua de son côté l'attentat du 29 mars 1982 contre le Capitole Paris-Toulouse (5 morts, 28 blessés) et celui du 31 décembre 1983 contre un TGV Paris-Marseille et la Gare Saint-Charles d'arrivée (5 morts, 60 blessés).

- Le groupe Abou Nidal, prétextant son soutien à la cause palestinienne, qui visa plusieurs fois son « ennemi » israélien et ceux suspectés de les soutenir ou d'être trop « passifs »[154].

Outre les terrorismes indépendantistes évoqués, on relèvera, toujours à la fin des années 1970, l'existence d'une internationale terroriste d'ultra gauche autour, notamment, outre Action Directe, des Brigades rouges italiennes, des Cellules Communistes Combattantes belges, de la Fraction Armée Rouge allemande, des GRAPO espagnols ou de l'organisation révolutionnaire grecque du 17 novembre…

On peut ajouter les mouvements régionaux kurdes (PKK et ses satellites) disséminés sur divers territoires et, lourdement traqués par certains pays comme la Turquie, qui ont eux aussi largement exporté leur combat, y compris parfois pour la bonne cause anti Daesh ces dernières années, opérant lourdement depuis des pays comme le nôtre ou l'Allemagne où ils pratiquent un impôt révolutionnaire strict.

- Le cas particulier d'Action Directe :

Action Directe aura symbolisé le terrorisme national de première partie de la décennie 80. A vocation révolutionnaire à ses débuts en 1979, ce groupe d'extrême gauche basculera rapidement dans la violence terroriste après une première phase d'intimidation consistant à

---

[154] Attentats contre la synagogue de la rue Copernic le 3 octobre 1980 (4 morts, 20 blessés), le journal « déviant » Al Watan al Arabi le 22 avril 1982 (1 mort, 70 blessés), le restaurant Goldenberg à Paris le 9 août 1982 (6 morts, 22 blessés) et l'assassinat de l'Ambassadeur des Émirats Arabes Unis le 8 février 1984

mitrailler des bâtiments publics et à user d'explosifs sans faire de victimes.

Dissous le 18 août 1982, le mouvement franchira ses limites définitivement en assassinant deux policiers avenue Trudaine à Paris le 31 mai 1983 lors d'un contrôle routier. Leur spirale meurtrière se poursuivra avec les assassinats, commandités par l'Iran, du Général Audran et de Georges Besse en 1985 et 1986 (voir plus haut).

En tout, 80 attentats commis de 1980 à 1987 et une place croissante dans l'internationale terroriste d'ultra gauche évoquée ci-dessus.

- Le terroriste séparatiste intérieur :

Explosif avec les nuits « bleues » du Front National de Libération de la Corse et ses avatars consécutivement à sa dissolution prononcée le 5 janvier 1983.
Iparretarrak, pendant français de l'ETA au Pays basque français, assassina deux policiers en 1982 et un gendarme en 1983

Ce cinquantenaire terroriste sera aussi particulièrement marqué par le jihadisme sunnite.

1.1.2.2 - Algérie, FIS, AIS, GIA, GSPC

Le Maghreb, et tout particulièrement l'Algérie, avec son souvenir colonial vu comme un passif de notre pays, sera au cœur de la montée en puissance des groupes armés violents.

Née de l'arrêt du processus électoral qui conduisait inexorablement, lors du scrutin législatif de décembre 1991 – janvier 1992, à la victoire du *Front Islamique du Salut* renforcé par son action au secours d'une démographie galopante et contre une corruption forte prêtée aux gouvernants, dans l'impossibilité de gérer la croissance du pays, la réponse terroriste interviendra ainsi rapidement sous la forme de *l'Armée Islamique du Salut (AIS).* Laquelle évoluera en *Groupe Islamique Armé (GIA)* à l'origine de plusieurs attentats et tentatives sur notre sol ou contre nos intérêts en 1994[155] et 1995[156].

Puis, au fil des démantèlements opérés par l'Armée algérienne, le GIA deviendra le *Groupe Salafiste pour la Prédication et le Combat (GSPC)*, lequel, à l'issue d'une lente maturation, rejoindra tardivement Al Qaïda pour en constituer la franchise maghrébine sous l'appellation AQMI (Al Qaïda au Maghreb Islamique) en 2007.

1.1.2.3 – Al Qaïda

Al Qaïda (en arabe *« al-qaïda al-askarya », « la base militaire »*), qui opère dans un contexte politique transversal et qui s'adjoindra plusieurs franchises[157], a été fondée en 1988 en Afghanistan par le cheikh Abdullah Yusuf Azzam à partir du bureau des services des Moudjahidines qu'il avait créé en 1981, mais fut surtout,

---

[155] Détournement du vol Alger – Paris sur l'aéroport de Marseille Marignane du 24 au 26 décembre, l'objectif initial étant d'aller s'écraser sur la tour Eiffel

[156] Attentat du 25 juillet à la Gare Saint-Michel du RER B (8 morts, 119 blessés), et celui du 17 octobre commis contre le RER C, station Quai d'Orsay (30 blessés) précédé d'un premier acte ayant visé, le 6 octobre, la station de métro Maison-Blanche dans le XIIIe arrondissement (16 blessés)

[157] AQPA, péninsule arabique, AQSI, sous-continent indien, et ses filiales sahéliennes, entre autres le GSIM, Groupe de soutien à l'Islam et aux Musulmans, ou RVIM, Rassemblement pour la Victoire de l'Islam et des Musulmans, selon les traductions plus ou moins pertinentes de son acception arabe JNIM – Jamâ'at Nusrat al-Islam wal-Muslimin, fusion d'Ansar dine, AQMI au Sahel, la katiba Macina et la katiba al-Mourabitoune…

après son assassinat non élucidé en 1989, l'œuvre de son adjoint Oussama Ben Laden, héritier d'une riche famille yéméno-saoudienne, et de son fidèle adjoint, le docteur Ayman al Zawahiri, tué par un drone à Kaboul en 2022.

Cette organisation s'est construite autour du soutien apporté aux jihadistes afghans, déterminants dans le combat contre l'invasion soviétique de ce pays par l'Armée rouge à partir de fin 1979, avec le soutien moral et financier des Occidentaux et surtout des Américains et de leurs services secrets.

La gestion de la victoire obtenue contre cet envahisseur puissant, qui s'en trouvera conduit à sa perte et plus largement à l'effondrement de la bipolarité est-ouest jusqu'à l'effondrement symbolique du mur de Berlin, sera erratique et jugée offensante par les résistants afghans et surtout par les combattants d'Al Qaïda au premier rang desquels Oussama Ben Laden, ulcéré par la présence de l'armée américaine sur le sol saoudien à l'occasion de la guerre du Golfe déclenchée après l'invasion du Koweït par l'Irak en 1990 et qui se découvrira, ou confirmera, à l'aune de cette évolution, une cible nouvelle, en l'occurrence le *« Grand Satan américain »* dans le même objectif que l'éternel ennemi juif *« sioniste »*.
Il inspirera ainsi, soutiendra et planifiera en partie le premier attentat commis contre le World Trade Center le 26 février 1993 par un commando entraîné dans des camps afghans d'Al Qaïda (680 kilogrammes d'un engin explosif au nitrate placés dans un véhicule). Si l'objectif final visant la destruction d'un des deux bâtiments ne fut pas alors atteint, cet attentat tua 6 personnes et en blessa 1042.

Il crée, en 1994, après s'être réfugié notamment au Soudan avant son retour vers l'Afghanistan et le Pakistan ultérieurement, le *Front Islamique Mondial pour le Jihad contre les juifs et les croisés* que les services américains appelleront Al-Qaïda par facilité.

Au-delà de son soutien à la cause palestinienne, Ben Laden organisera méthodiquement et avec succès la série d'attaques du 11 septembre 2001 aux États-Unis et notamment contre les deux tours du World Trade Center, en espérant stratégiquement des conséquences belliqueuses côté américain et une réponse coalisée des musulmans face aux exactions que les Américains et leurs alliés ne manqueraient pas de commettre lors de leur riposte.

Bien que contestée du fait de son ampleur et du risque important encouru par quelques théoriciens musulmans, sa stratégie, largement validée par les conditions et la puissance de l'invasion américaine en Afghanistan d'abord et surtout en Irak, lui a été largement reconnue.

Pour autant, et alors qu'il est devenu l'ennemi à abattre, ce qui sera réalisé lors d'un raid américain le 2 mai 2011 à Abbottabad au Pakistan, certains théoriciens salafistes prônèrent une vision décalée du jihad mondial et global, entre autres le Syrien Abou Moussab Al Souri, qui fut l'un de ses compagnons de route en Afghanistan, promouvant un jihad par le bas, local, compartimenté autour de cellules numériquement limitées pour déjouer les services de renseignement. Son expérience au cœur de l'appareil qaïdiste et auprès d'Oussama Ben Laden, lui permettra, après la mort de ce dernier et au-delà des succès notables dus à sa stratégie ambitieuse, de constater, au bilan, l'absence de conquêtes étatiques significatives. Il regrettait notamment que le Printemps Arabe de 2011 n'ait pas offert l'occasion de prendre le contrôle territorial et politique de plusieurs pays en crise.

Il fut connu trente ans plus tôt pour son rôle dans la prise de la ville syrienne de Hama en 1982 par les Frères Musulmans, au cours de laquelle les fonctionnaires locaux furent assassinés froidement, provoquant une riposte foudroyante de l'État syrien qui entraînera la mort de près de 25.000 personnes parmi la population de la ville jugée complice de cette attaque. L'intéressé, réfugié en Espagne où il se maria avec une ressortissante du pays, ce qui lui permit d'acquérir la nationalité espagnole, sera finalement arrêté, emprisonné en Syrie et torturé. Il serait mort mais sans certitude avérée, aucune information le concernant n'ayant pu être recueillie depuis fin 2011. Il restera l'un des penseurs les plus connus du jihad global.

1.1.2.4 – Daech

Le départ précipité de la plupart des forces américaines d'Irak, en décembre 2011, va donner l'occasion aux militaires et aux religieux irakiens emprisonnés durant les 8 années d'occupation, qui ont entraîné la mort de plus de 100.000 civils mais aussi d'environ 4.500 soldats US, de reprendre un poids politique certain autour de *l'État Islamique en Irak et au Levant*[158] et d'être accueillis plus que favorablement par une population lassée de la guerre et majoritairement hostile au pouvoir chiite laissé en place par les Américains.

La reprise progressive du territoire irakien, mais aussi de plusieurs richesses (pétrole, gaz naturel, phosphate, ciment, exploitations agricoles, racket, pillage de banques, enlèvements…) et de l'armement laissé en plan par les partants vont permettre aux leaders, dans une alliance du « sabre et du goupillon » de reprendre pied et de s'imposer

---

[158] *EIIL* alors affilié à Al Qaida, issu de l'*État Islamique d'Irak* créé en 2006 en se proclamant seule force légitime irakienne

territorialement, notamment à Mossoul qui deviendra le siège de l'État Islamique.

L'idée du Sham, le territoire béni des musulmans des dynasties omeyyade et abbasside ayant particulièrement prospéré, chacune à leur façon, aux 7ème, 8ème et 9ème siècles et qui réunit globalement les territoires irakien et syrien actuels, donne l'idée aux intéressés d'envoyer des hommes assister la résistance politique syrienne au président Bachar El Assad. Ce dernier laissera entrer ces supplétifs qui, en tant que jihadistes, permettront au pouvoir syrien d'amalgamer leur opposition au terrorisme jihadiste d'Al Qaïda.

La conquête d'une partie du territoire syrien réalisera en partie le rêve du Sham. Pour autant, les envoyés irakiens en Syrie n'ayant pas reçu les dividendes de leur implantation, resteront qaïdistes de l'organisation Al Nosra alors que l'État Islamique en Irak et au Levant prendra ses distances avec la centrale pour devenir l'État Islamique, Daech, lors de la proclamation du Califat par Abou Bakr al-Baghdadi[159] le 29 juin 2014, formant un proto État sur les zones conquises dans les deux pays avec, notamment, une nouvelle place forte à Raqqa (Syrie).

À partir de 2011-2012, la communication autour de ce Califat et de son implantation territoriale symbolique a agi comme un déclencheur certain dans les venues de très nombreux jihadistes de plusieurs pays, au premier rang desquels des Russes essentiellement Tchétchènes, au nombre d'environ 5000, rodés aux combats contre les Russes, et qui seront l'élément militaire avancé de ce nouvel état autoproclamé. Entre 1500 et 2000 français

[159] Pseudo en hommage au premier calife ayant succédé au Prophète Mohammed en 632

rejoindront cette révolution religieuse, comme un nombre non négligeable de Belges mais aussi de nombreux Maghrébins, très majoritairement tunisiens, même si les chiffres concernant les Algériens semblent sous-estimés.

Cette présence sur zone, notamment de Français et de Belges, sera déterminante lors des attentats de 2015 et particulièrement celui des terrasses parisiennes et du Bataclan le 13 novembre.

Ayant bénéficié de l'allégeance de nombreux groupes combattants (une partie de Boko Haram et l'État Islamique en Afrique Occidentale, L'EI dans le Grand Sahara, l'EI au Khorassan -Afghanistan- en guerre contre les Talibans…), Daech subira cependant une adversité conséquente de 2014 à 2019, jusqu'à perdre la totalité des territoires contrôlés sous les coups de boutoir des gouvernements irakien, syrien, des peshmergas kurdes du gouvernement régional du Kurdistan irakien, des milices chiites financées par l'Iran, des Russes et des forces démocratiques syriennes arabo-kurdes animées par les groupes kurdes des Unités de protection du peuple (YPG) et les Arabes de l'Armée Syrienne Libre.
Abou Bakr al-Baghdadi sera tué le 27 octobre 2019 lors d'un assaut mené par les forces spéciales américaines.

1.2. Une organisation structurelle évolutive :

Au début des années 1980, la menace terroriste, entre les pays qui la promeuvent et les organisations qui la portent, parfois régionalement, est malheureusement envisagée de façon compartimentée entre des services judiciaires (PJ, centrale ou parisienne, Gendarmerie) et de renseignement (Renseignements Généraux, DST entre autres) qui se perdent dans une émulation souvent contre-productive.

Le ministre de l'Intérieur, Pierre Joxe, hésite alors entre un service anti-terroriste dédié, au risque d'ajouter une nouvelle entité dans cette « guerre » des services, ou une unité de coordination chargée de réunir et connecter les services concernés pour une information fiable et efficace des autorités. C'est cette option que choisira le ministre en créant, le 8 octobre 1984, l'Unité de Coordination de la Lutte Anti-Terroriste (UCLAT, voir plus loin). Cette Unité s'adaptera à l'évolution du terrorisme national et international et n'aura de cesse d'aménager son organisation pour répondre à l'ensemble des problématiques rencontrées, tout en étoffant sa connaissance des causes et moteurs des multiples formes de terrorismes et de radicalités rencontrées.

Parallèlement, les services de renseignement sont concentrés alors nationalement sur l'ordre public, y compris généré par des manifestations sociales, sociétales ou politiques et sur les violences urbaines commençant à toucher les quartiers sensibles peuplés des deuxième et troisième générations issues de l'immigration, dans leur grande majorité Français ou binationaux mais dont la religion ne semble pas encore préoccuper prioritairement les autorités.
Internationalement, les questions d'espionnage, ingérence ou défense du patrimoine sont la priorité.
Même si des focus visent les premières attaques terroristes liées à l'Iran, à la Libye ou à la Syrie ainsi que l'émergence d'Action Directe ou la progression du FLNC ou des Basques de l'ETA ou d'Iparretarrak, les investigations restent limitées et la collaboration entre les services quasi inexistante.
Leur prise de conscience d'un état de la menace terroriste en progression, au regard de la cible que devient notre pays

dans le mikado des raisons qui permettent de la viser les amène à redéfinir leurs priorités opérationnelles :

- Différends diplomatiques avec des états potentiellement terroristes,
- Héritage colonial,
- Incompréhension des premières manifestations d'un islam fondamentaliste, par exemple lors de l'affaire du foulard ou du voile dès la fin des années 1980,
- Exigences soudaines de produits halal et la découverte d'une jeunesse réislamisée ou convertie sensible aux discours religieux radicaux et hostile à la laïcité qui fonde notre république,

Les attentats des années 90 et le traumatisme des attentats du 11 septembre, puis de Madrid et de Londres en 2004 et 2005, de même que la découverte de Français engagés lors d'actions sur notre territoire ou dans les Balkans y participent largement.

En 2015, les attentats visant Charlie Hebdo et le Bataclan contribueront à étoffer un dispositif totalement revu à partir de 2014 aboutissant à une restructuration autour des services appartenant au premier et au deuxième cercle du renseignement.

1.3. Création de la CNRLT en 2017. La DGSI, chef de file de la Lutte anti-terroriste en 2019

Sous l'autorité de l'Élysée, la Coordination Nationale du Renseignement et de la Lutte contre le Terrorisme est créée dès le mois de juin 2017 afin d'accompagner les outils du gouvernement, à savoir le Secrétariat Général pour la Défense et la Sécurité Nationale (dont l'ANSSI, Agence

Nationale de la Sécurité des Systèmes d'Information), le Groupement Interministériel de Contrôle (contrôle des écoutes) et le Comité Interministériel de Prévention de la Délinquance et de la Radicalisation (CIPDR).

Le cœur du réacteur anti-terroriste est piloté depuis le ministère de l'Intérieur et plus précisément la DGSI, chef de file de la lutte anti-terroriste qui s'appuie sur les 5 autres services du premier cercle, à savoir les 3 militaires de la DGSE, de la DRM (Direction du Renseignement Militaire) et de la DRSD (Direction du Renseignement et de la Sécurité de la Défense, ex Sécurité Militaire) ainsi que les 2 du Ministère de l'Économie et des Finances, Tracfin et la Direction Nationale du renseignement et des Enquêtes Douanières (DNRED).

Les services du second cercle sont également largement impliqués dans cette organisation :

- Sous l'autorité du Directeur Général de la Police Nationale, le renseignement, avec le Service Central du Renseignement Territorial (SCRT) et le judiciaire, avec la SDAT, sous-direction anti-terroriste de la Direction Centrale de la Police Judiciaire.
- Sous celle du Préfet de Police, leurs pendants parisiens, à savoir la Direction du Renseignement de la Préfecture de Police (DRPP qui réunit les compétences du Renseignement territorial et de la DGSI sur la plaque parisienne) et la SAT, section anti-terroriste de la Brigade Criminelle de la Direction Régionale de la PJ parisienne.
- La Direction Générale de la Gendarmerie Nationale dispose de deux services intervenant aussi selon la même logique, en l'occurrence le

Bureau le Liaison Anti-Terroriste (BLAT) et la Sous-Direction de l'Anticipation Opérationnelle, complément utile du Renseignement Territorial sur l'ensemble de la zone Gendarmerie.

Enfin, depuis le 3 février 2017, le ministère de la Justice est aussi représenté dans cet organigramme par le BCRP (Bureau Central du Renseignement Pénitentiaire) devenu SNRP (Service National du Renseignement Pénitentiaire) en juin 2019. Le rôle de ce service est essentiel, notamment dans le suivi des sortants de prison.

La DGSI bénéficie de deux entités créées spécialement en son sein, à savoir un État-Major Permanent (EMaP) réunissant les cadres des services engagés et un Comité de Pilotage Opérationnel (CPO) convoqué avec une fréquence occasionnelle autour des Chefs des mêmes services. Elle se voit même adjoindre, depuis deux ans, une cellule chargée d'une mission de détection cyberterroriste bénéficiant de l'expertise des services spécialisés sur le sujet (CAESAR). Enfin, au 1er janvier 2020, l'UCLAT est intégrée à cette Direction Générale.

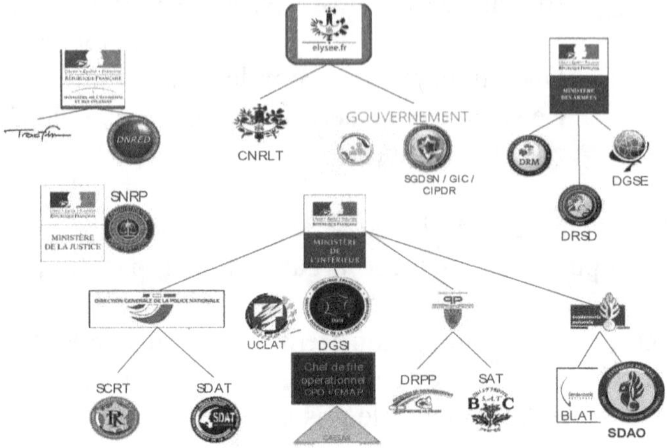

2. L'Unité de Coordination de la Lutte Anti-Terroriste (UCLAT), un outil essentiel en mutation, de la Direction Générale de la Police Nationale à la Direction Générale de la Sécurité Intérieure

2.1. - Création de l'UCLAT en 1984 en raison de la conjonction de terrorismes d'essences

- Séparatiste, notamment basque et corse (E.T.A, F.L.N.C)
- Ultra gauche européenne (Action Directe en lien avec les Allemands de la Fraction Armée Rouge, les Italiens des Brigades Rouges, les Belges des Cellules Communistes Combattantes, les Espagnols des GRAPO – *Groupes de résistance antifascistes du Premier octobre* -)…
- Étatique (Syrie, Libye, Iran des Mollah…)

2.2. - L'UCLAT version DGPN (du 08 octobre 1984 au 31 décembre 2019)

De la création de l'UCLAT à 2019, étapes notables :

2.2.1 - Création de l'UCLAT, le 8 octobre 1984,

sous l'autorité de l'Inspecteur Général François Le Mouël, figure de la Police Judiciaire parisienne. Organisation d'une réunion hebdomadaire de coordination rassemblant les 10 services concernés par la lutte anti-terroriste destinée à établir un état de la menace terroriste constamment revu (première réunion le mardi 26 octobre 1984). Cet axe central de l'UCLAT deviendra le Département d'Analyse et de Suivi de la Menace (DASM) à partir de la création de nouveaux départements et perdure encore aujourd'hui autour de près de trente services.

2.2.2 - 2ème département créé à la fin des années 80

Le Département Sûreté Protection chargé de coter l'état de la menace terroriste visant des personnes du fait de leur engagement ou de leurs positions, des événements ou des sites, afin d'assurer la protection nécessitée par la réalité analysée de la menace ;

2.2.3 - 3ème : Département des Affaires Internationales au début des années 90,

en lien avec l'importance des liens interétatiques, mais aussi au sein de l'Union Européenne en la matière.

2.2.4 - 4ème : Département d'Études Prospectives, début des années 2010,

Pour approfondir la connaissance de l'ensemble de la problématique terroriste des causes, moteurs et contextes de la menace de façon approfondie. La revue Perspectives, relayant l'écume des travaux de ce département, est parue pour la première fois en juillet 2011.

2.2.5 - 5e : Département de Lutte Contre la Radicalisation, créé en 2014,

Concomitamment avec les premiers dispositifs anti-terroristes et notamment le CNAPR, Centre National d'Assistance et de Prévention de la Radicalisation, accessible par le numéro vert (0800 005 696) installé le 29 avril à l'UCLAT à la demande du ministre de l'Intérieur Bernard Cazeneuve pour signaler les comportements radicaux violents et les départs ou tentatives de départ sur zones de combat de jihadistes et velléitaires français ou résidents français. Accessoirement, la DGSI et le SCRT succèdent respectivement, en mai 2014, à la DCRI et à la SDIG (Sous-direction de l'Information Générale de la Direction Centrale de la Sécurité Publique, issue de la partie très minoritaire des Renseignements Généraux non fondue dans la DCRI avec la DST après leur suppression en 2008)[160].

L'ensemble de ces dispositifs conjoints s'inscrit dans un plan ambitieux et coïncide aussi avec la proclamation du Califat à Mossoul (Irak) par Abou Bakr al-Baghdadi consacrant l'État Islamique (Daech) et sa stratégie destructrice rejointe par de nombreux Français. La gestion des signalements, très nombreux (plus de 80000 entre 2014 et 2022) se traduira par la création, par décret du 5 mars 2015, du FSPRT, le Fichier de traitement des Signalements pour la Prévention de la Radicalisation à caractère

---

160 Cette réorganisation des services du Renseignement Intérieur français est intervenue après un long travail engagé fin 2012 suite aux attentats commis au mois de mars par Mohamed Merah à Montauban contre un militaire français et Toulouse contre des

Terroriste, opérationnel à compter du 5 octobre de la même année.

2.2.6 - 6e : Département de Formation et de Contre-Discours le 1er mars 2016

dans l'optique de sensibiliser un maximum de partenaires et de publics pour stopper le jihadisme et endiguer la radicalisation.

2.2.7 - 7èm^{e} : Département de Police Administrative, créé le 1er juin 2016

pour désengorger le suivi par le département de lutte contre la radicalisation des mesures de police administrative de plus en plus nombreuses pour s'opposer et aux départs sur zone, aux retours de zone, à l'apologie et la propagande jihadistes comme à toute extension de la radicalisation à caractère terroriste. Ce département trouvera son plein exercice, notamment avec le suivi des radicalisés et sortant de prison à partir de 2018.

2.2.8 - Antenne de Pau (Pyrénées-Atlantiques).

Le suivi du terrorisme basque avait amené la création, en 1995, d'une antenne dédiée de l'UCLAT à Pau, dans une volonté de recueil local du renseignement et de la documentation sur le sujet, parallèlement à une collaboration avec les services français et espagnols en charge du suivi des activités politiques autonomistes et indépendantistes et leurs dérives terroristes.

2.2.9 - Échange d'officiers de liaison (Royaume-Uni, Allemagne, Espagne et Italie).

2.2.10 - Le Chef de l'UCLAT est entouré d'adjoints policiers, gendarmes ainsi que de l'administration pénitentiaire et de chargés de mission (international, psychologues, contre-radicalisation) et assisté d'un secrétariat général en charge de la logistique des missions et des ressources humaines entre autres.

2.3. - L'UCLAT aujourd'hui, version DGSI, une entité du premier cercle

2.3.1 - L'intégration de l'UCLAT à la DGSI

L'intégration de l'UCLAT au sein de la DGSI intervient le 1er janvier 2020, inscrite dans la logique du chef de filât de cette direction sur la lutte anti-terroriste. Pour se conformer au fonctionnement de sa nouvelle tutelle, son organisation va s'en trouver substantiellement modifiée, les 7 départements se trouvant fondus au sein de deux divisions (Partenariats et Évaluation / Lutte contre les Radicalisations) partitionnées chacune en deux subdivisions (Coopérations – Évaluation / Radicalisations - Police administrative et suivis spécialisés).

La partie internationale a été en partie obérée pour des raisons de gestion interne des sous-directions de la DGSI. On peut le regretter au regard de l'excellence des coopérations multi ou bilatérales dans le cadre desquelles l'expertise de l'UCLAT était reconnue. C'est dans cette même logique que le principe des échanges entre officiers de liaison avec nos partenaires habituels a été désactivé[161].

[161] (G7, Europol où son chef présidait en 2019 le CTPB - *Counter Terrorism Programme Board* - au sein de l'*European Counter Terrorism Center* à La Haye, ONU -porte-parole français en 2018-,

L'antenne UCLAT de Pau a été supprimée et ses effectifs reversés au sein d'une sous-direction contre-terroriste de la DGSI.

2.3.2 - Trois axes de missions demeurent et sont rappelés :

2.3.2.1 - Incarner la façade publique de l'anti-terrorisme et de la lutte contre la radicalisation

Notamment au travers de la mission historique de l'unité consistant en la diffusion d'éclairages au profit de la communauté élargie de la lutte anti-terroriste et l'acculturation des administrations centrales et territoriales à la menace terroriste et à la radicalisation violente.

2.3.2.2 - Favoriser l'émergence d'une société de vigilance

Afin de favoriser et accroître la détection des profils susceptibles de passer à l'acte, intervenir le plus en amont possible et interrompre un processus d'engagement dans la radicalisation violente.
Outils créés à cette fin : historiquement le CNAPR pour le recueil des signalements et, plus récemment, la création du réseau CS-RAD, réseau de correspondants destiné à élargir le champ de la sensibilisation portée initialement par le Département de Formation et de Contre-Discours devenu de Sensibilisation et de Formation.

OCDE, Chef de file au *Terrorism Working Party – TWP* - à Bruxelles, cocréatrice en 2011 du *CTTA-Madrid Group - Cooperation on Terror Threat Analysis,* coopération entre unités de coordination et groupes de fusion de 33 pays sur l'analyse de la menace terroriste -…)

2.3.2.3 - Concourir à l'activité opérationnelle des services anti-terroristes :

2.3.2.4

- Appui aux préfectures et services partenaires dans le suivi sécuritaire des inscrits au FSPRT
- Sessions d'évaluation psychiatrique
- Centralisation des mesures administratives d'entrave
- Dispositif des sortants de prison
- Évaluation de la menace sur les personnalités et les événements

3. Principes et méthodes de la coordination de la lutte anti-terroriste

3.1. - Partenariat et évaluation

3.1.1 - Réunion hebdomadaire

Depuis 1984, une réunion hebdomadaire rassemble le mardi matin, sauf rares exceptions calendaires, l'ensemble des services concernés par le terrorisme, une dizaine il y a 38 ans, près de 30 aujourd'hui. Il s'agit d'un échange d'informations communicables destiné à établir un état de la menace, ainsi régulièrement actualisé, et informer du contexte les partenaires pouvant avoir besoin de connaître les éléments susceptibles d'orienter leur activité et leurs dispositifs à plus ou moins brève échéance (Sécurité civile, Direction Générale de l'Aviation Civile, Service de la Protection des Personnalités au regard de menaces nouvellement détectées, RAID, Police aux frontières, Direction de la Coopération Internationale de Sécurité…).

Elle constitue le socle initial de l'UCLAT et même si, à l'origine, la coordination était aussi opérationnelle, elle ne l'est plus complètement aujourd'hui, le chef de filât de la DGSI dans ce domaine ayant entraîné la création fin 2019 d'un état-major permanent (EMaP) et d'un Comité de Pilotage opérationnel (CPO) chargés de coordonner l'opérationnalité de la lutte anti-terroriste mais surtout, à l'usage, de surtout la piloter à échéances moins fréquentes.

L'UCLAT possède une expertise certaine en matière de coordination sous toutes ses formes, mais limite son activité concrète aux domaines opératifs et administratifs pour ne pas entraîner de confusion dans les actions menées par la CNRLT, siégeant à l'Élysée, et les entités créées dans sa désormais nouvelle direction pour assumer le suivi et la transversalité opérationnelle avec les services de renseignement et judiciaires appartenant au premier et au deuxième cercles du renseignement.

3.1.2 – Évaluation et prospective

Les travaux quotidiens de l'UCLAT et sa proximité avec les nombreux partenaires constituant la communauté élargie de la lutte anti-terroriste lui permettent, ou plutôt lui ont permis jusqu'à il y a peu, outre la rédaction précise d'un état hebdomadaire de la menace terroriste national et international, de rédiger des papiers de fond.

La revue *Perspectives*, trimestrielle, longtemps alimentée par les travaux thématiques du Département Études et Prospective, en lien avec des recherches de nature personnelle mais aussi universitaire ainsi qu'inspirée par les notes des services, est parue régulièrement de juillet 2011 à 2020.

Revue très éclairante pour la compréhension du phénomène terroriste, de ses rites et causes, son essence originale a exprimé la spécificité de l'UCLAT ainsi que son rôle singulier au sein de la communauté anti-terroriste, notamment celui d'interface avec l'extérieur. Elle a ainsi témoigné de l'histoire récente, si intense, de l'anti-terrorisme en France mais aussi, et plus généralement, de la perception du terrorisme dans notre société.

Ces documents, non classifiés mais en Diffusion Restreinte et donc réservés à un public averti et limité, ont été complétés à partir de 2019 par une revue bimensuelle intitulée « Regards » visant à informer un nombre beaucoup plus large de lecteurs sur l'actualité nationale et internationale du terrorisme à partir de sources ouvertes parfois très informées. Cette revue, qui a connu un grand succès et contribué à sensibiliser beaucoup de nouveaux lecteurs à la lutte contre le terrorisme et la radicalisation est actuellement en voie de transformation.

3.1.3 - Sûreté et protection

L'ex-département Sûreté Protection, l'un des plus anciens de l'UCLAT, a installé une mission très sollicitée d'évaluation des menaces à caractère terroriste pouvant viser des personnes, des événements ou des sites au regard des positions prises, actions entreprises ou sensibilité industrielle, religieuse ou politique avérée.

L'UCLAT a ainsi la charge d'établir des évaluations de la menace terroriste individuelle, catégorielle ou événementielle valant cotation destinée à proposer une protection ou des dispositifs sécuritaires adaptés au regard des éléments ressortant des investigations menées avec

l'aide des services les plus concernés par le risque ou la menace considérés.
Quatre niveaux de cotation, de 1 à 4, du plus sensible au moins exposé, devront permettre de déterminer les dispositifs de protection en adéquation avec la réalité des dangers encourus, notamment par les personnes nommément ciblées. Le niveau de cotation, dans ce dernier cas, sera dès lors crucial pour l'attribution des moyens en hommes et matériels nécessaires à la protection par le service spécialisé en la matière (SDLP).

Il y a plus de 2000 cotations émises annuellement.

Cette mission reste d'actualité, y compris pour les risques NRBC pesant sur des sites sensibles mais aussi exhibés comme armes potentielles de terroristes (plusieurs affaires en lien avec l'utilisation potentielle de ricine ont ainsi été relevés ces dernières années, sans conclusion heureusement en France mais empêchées in extremis en Allemagne).

Les returnees, en l'occurrence les jihadistes de retour de zone, sont au cœur d'une mission essentielle de coordination. Il appartient à l'UCLAT, principalement pour les jihadistes et surtout leurs familles de retour via la Turquie, en application d'un protocole oral acté en septembre 2014, après un raté relatif à un retour de zone, entre les autorités sécuritaires françaises et turques, dit protocole Cazeneuve, d'organiser leur retour en lien avec les autorités turques, la DCIS, la justice, les services du ministère des Affaires étrangères mais aussi ceux de l'Aide Sociale à l'Enfance pour les retours des femmes et mineurs. C'est une mission lourde, parfois encore compliquée lors des retours directs de zones de combat ou des camps sous la surveillance de plus en plus délicate des forces kurdes.

3.1.3 - Menace terroriste globale

Les tendances notables suivies par les enquêteurs et transversalisées par la coordination de la lutte anti-terroriste sont de trois natures principales, pouvant occasionnellement être interactives :

3.1.3.1 – L'islamisme

D'obédience sunnite (Al Qaida, État Islamique, Shebab somaliens, Boko Haram…), ou chiite (Hezbollah libanais essentiellement), ce dernier ressortant essentiellement du terrorisme d'État, tant du fait de la prégnance de l'Iran en termes d'influence qu'en raison de l'importance organisationnelle d'une structure comme le Hezbollah dans un état libanais en déliquescence.

Des cibles multiples en France, notamment de la part de Daech : moyens de transport, lieux touristiques ou recevant du public, personnalités publiques, forces de sécurité, organismes publics et grandes entreprises, certains corps de métiers, intérêts Français à l'étranger, cibles indiscriminées.

Des modes d'actions variés et souvent lourdement hostiles : engins explosifs improvisés, armes blanches par nature ou destination, attentats kamikazes, véhicules piégés, béliers ou lancés, détournement d'avions, armes de guerre, prises d'otages. Même si cette stratégie n'a pas trop frappé notre pays, on note une propension et des velléités d'incendies, de déraillements de train (Khaled Kelkal), des sur attentats, des cyberattaques et des projets potentiels NRBC.

3.1.3.2 - L'ultra-droite

Identitaire, ultra nationaliste, suprémaciste, accélérationniste (prête à provoquer l'affrontement interethnique pour accélérer l'avènement d'une société blanche) ou néo-nazie (en France Génération identitaire et Bastion Social, GUD, Honneur et Nation, Barjols…).

Même si cette mouvance donne l'impression de se trouver en retrait, les éléments constitutifs établis à l'encontre des Barjols contre le Président de la République en Alsace à l'occasion du centenaire de l'armistice de 1918, l'Organisation des Armées Sociales tentant d'organiser la « remigration » par la terreur et l'activisme d'Honneur et Nation doivent maintenir un niveau de vigilance certain, notamment au regard des dégâts commis par cette mouvance en Europe, aux USA où l'engagement des militants nationalistes et racistes, y compris les pro-Trump, est patent, et en Nouvelle-Zélande touché par la tuerie de musulmans dans deux mosquées de Christchurch due à l'activisme froid et déterminé de Brenton Tarrant le 15 mars 2019 (51 morts, 49 blessés).
Près de nous, la Norvège, avec les attentats commis par Anders Behring à Oslo en 2011 (77 morts, 151 blessés), l'Allemagne (24 morts, 41 blessés entre 2014 et 2020) et le Royaume-Uni (3 morts et 11 blessés entre 2013 et 2019) ont payé un lourd tribut aux dérives de cette idéologie.

3.1.3.3 - L'ultra-gauche

Autonome, anarchiste, antifasciste, antispéciste et écologiste radicale, technophobe (zadistes, antifa, Fédération Anarchiste Informelle, Animal Liberation Front).
L'héritage d'Action Directe a positionné cette tendance politique dans une dimension clairement terroriste,

notamment du fait de sa connexion avec les groupes terroristes allemands, belges, italiens et grecs. Les attaques d'infrastructures téléphoniques, électriques ou de voies ferrées, le ciblage des policiers lors des mouvements contestataires les plus durs avec des tentatives d'incendies de véhicules de police avec des agents maintenus à l'intérieur n'exclut évidemment pas la bascule de cette mouvance à délai court ou moyen.

3.1.4 - Une exposition particulière de la France

Depuis 2015, la France a été visée par 22 attentats aboutis, alors que 19 ont échoué et, surtout, 71 ont été déjoués (dont 42 depuis 2017) causant la mort de 271 personnes et près de 1200 blessés.

Quatre principales raisons qui font de la France une cible peuvent être évoquées :

- La conception française de la laïcité
- Le « soutien » aux caricatures jugées blasphématoires,
- L'engagement militaire contre les groupes armés terroristes
- Le passé colonial de notre pays

En dehors du Bataclan, la plupart des attaques abouties émanent d'auteurs endogènes, à l'exception notable de deux commis par des velléitaires (candidats au départ sur zone n'ayant pas réussi dans leur entreprise), à Saint-Étienne-du-Rouvray le 26 juillet 2016 (assassinat du père Hamel) et à Levallois le 9 août 2017 (véhicule bélier sur les forces de l'ordre) et de quatre commis par des auteurs exogènes, le 1er octobre 2017 à Marseille Ahmed Hanachi, Tunisien), le 4 avril 2020 à Romans-sur-Isère (Abdallah Ahmed Osman, réfugié soudanais), le 25 septembre 2020 à

Paris (ex-locaux de Charlie Hebdo (Zaheer Hassan Mahmoud, Pakistanais), et le 29 octobre 2020 à la Basilique ND de Nice (Brahim Aouissaoui, Tunisien).

Parmi les attentats empêchés ou échoués, 7 ont été tentés sans succès par des velléitaires, 7 par des endogènes, 3 par des exogènes (un Tunisien, un Égyptien, un Algérien).

L'étude de ces attaques révèle trois types principaux d'assaillants : les projetés, les soutenus et les inspirés. La part de chacun d'eux a progressivement basculé d'une majorité agissante de projetés (Bataclan 2015, Bruxelles 2016) vers une proportion notable d'inspirés par une courte influence des soutenus.

3.1.4.1 - Les projetés

Ont bénéficié d'une quasi-indifférence initiale aux jihadistes partis sur zone et que personne ne regrettait, n'imaginant généralement pas le retour de certains d'entre eux. C'est pourtant ce qui s'est produit au Bataclan et lors des attaques des terrasses parisiennes mais aussi lors des attaques échouées de Villejuif (10 avril 2015) et du Thalys (21 août 2015) quelques mois avant la tragédie parisienne.

3.1.4.2 - Les soutenus

Le retour par voie terrestre et par véhicules en traversant plusieurs pays d'Europe pour évoluer librement entre la Belgique et la France a constitué une victoire mise à profit à Bruxelles en mars 2016 et surtout pour soutenir les velléitaires ou les jihadistes les plus déterminés depuis les zones de combat par l'intermédiaire principalement des réseaux sociaux et de la propagande animée par les frères

Clain et par le coordonnateur Rachid Kassim, omniprésents depuis la Syrie.
Après cette période où des acteurs endogènes ainsi soutenus sont passés à l'acte (le 13 juin 2016 à Magnanville au domicile de policiers ou le 14 juillet 2016 à Nice avec l'attaque très meurtrière au camion bélier…), les attaques ont été menées par des acteurs essentiellement inspirés.

3.1.4.3 - Les inspirés

Armés a minima (couteaux -Paris 2 le 12 mai 2018-, vieilles armes à feu - Carcassonne Trèbes en mars 2018 ou Strasbourg le 11 décembre de la même année…) et souvent sur initiatives individuelles et par mimétisme, ces individus ont parfois franchi le palier entre la radicalisation et le terrorisme en se nourrissant des exemples combattants ayant fait de la terreur un vecteur idéologique majeur.

3.1.4.4 Vecteurs additionnels de la menace

Ces profils d'acteurs et le nombre d'auteurs d'attentats et de tentatives conjugués aux premiers retours de jihadistes de zones de combat ont nécessité la prise en compte de vecteurs additionnels de la menace constitués par les sortants de prison, les returnees et les publics exogènes.

3.2.- Lutte contre les radicalisations – Les nouvelles formes de la coordination

3.2.1 - La lutte contre la radicalisation et les filières jihadistes

3.2.1.1 - Les plans d'action contre la radicalisation et le terrorisme

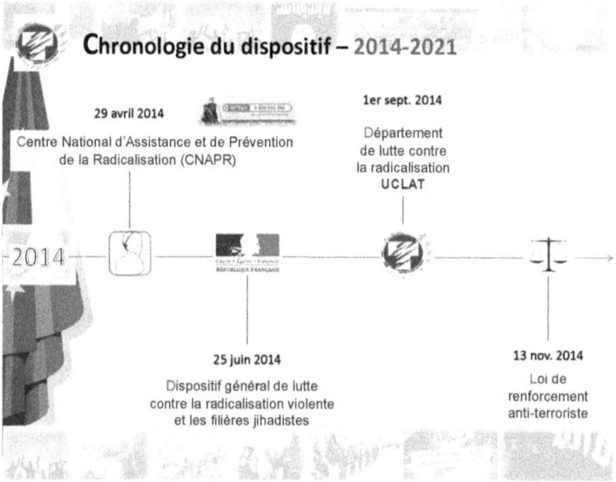

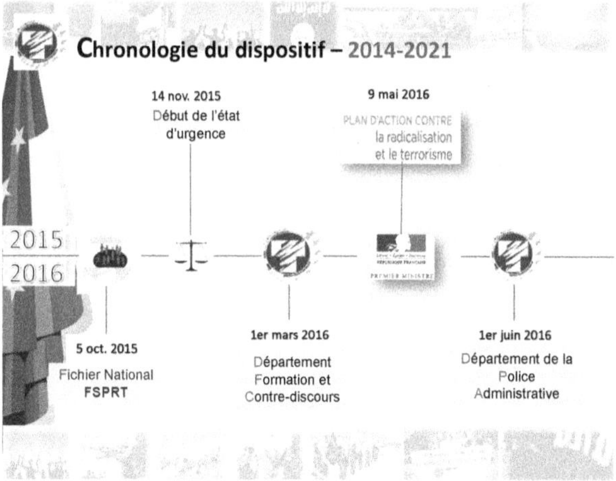

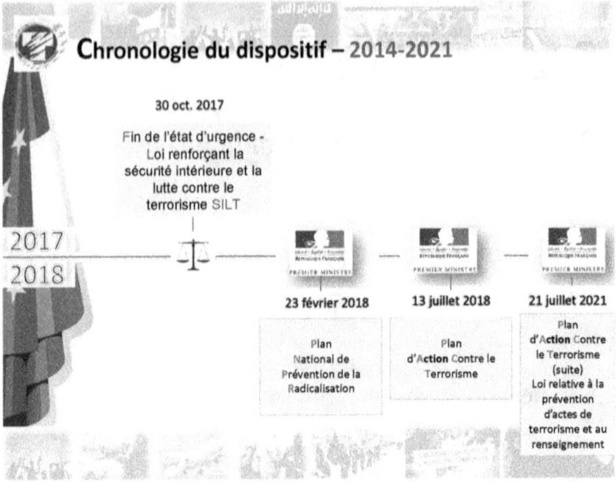
Chronologie du dispositif – 2014-2021
30 oct. 2017
Fin de l'état d'urgence - Loi renforçant la sécurité intérieure et la lutte contre le terrorisme SILT
2017
2018
23 février 2018
Plan National de Prévention de la Radicalisation
13 juillet 2018
Plan d'Action Contre le Terrorisme
21 juillet 2021
Plan d'Action Contre le Terrorisme (suite)
Loi relative à la prévention d'actes de terrorisme et au renseignement

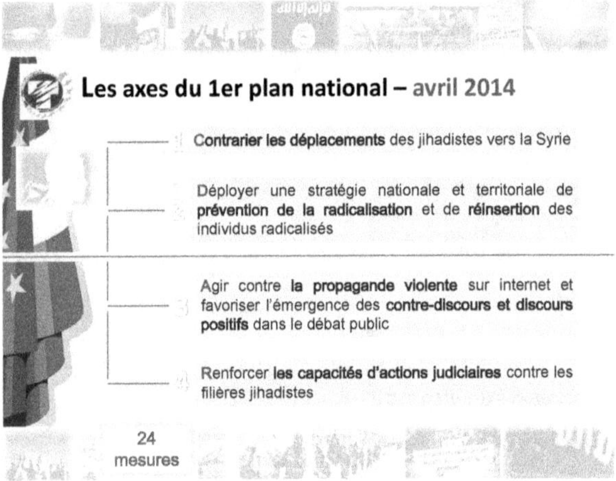
Les axes du 1er plan national – avril 2014
Contrarier les déplacements des jihadistes vers la Syrie
Déployer une stratégie nationale et territoriale de prévention de la radicalisation et de réinsertion des individus radicalisés
Agir contre la propagande violente sur internet et favoriser l'émergence des contre-discours et discours positifs dans le débat public
Renforcer les capacités d'actions judiciaires contre les filières jihadistes
24 mesures

PLAN D'ACTION CONTRE
la radicalisation
et le terrorisme
Mai 2016
Principaux objectifs du 2nd plan
Agir sur les filières terroristes en France et à l'international
Densifier les dispositifs de prévention de la radicalisation
Contre-discours et mobilisation de la communauté musulmane
Savoir réagir à toute attaque terroriste et manifester la résilience de la nation
80 mesures

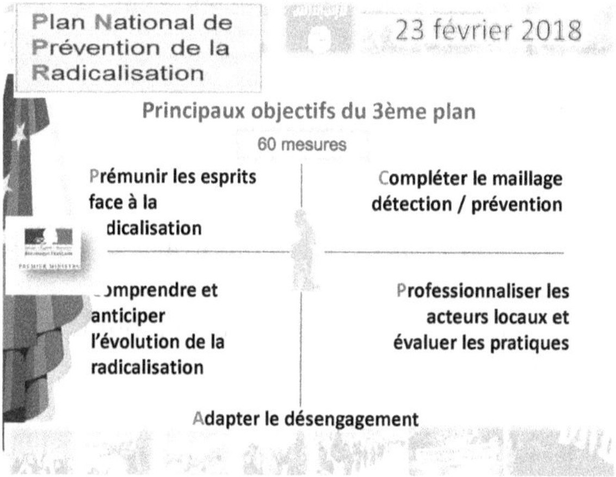
Plan National de
Prévention de la
Radicalisation
23 février 2018
Principaux objectifs du 3ème plan
60 mesures
Prémunir les esprits face à la dicalisation
Compléter le maillage détection / prévention
omprendre et anticiper l'évolution de la radicalisation
Professionnaliser les acteurs locaux et évaluer les pratiques
Adapter le désengagement

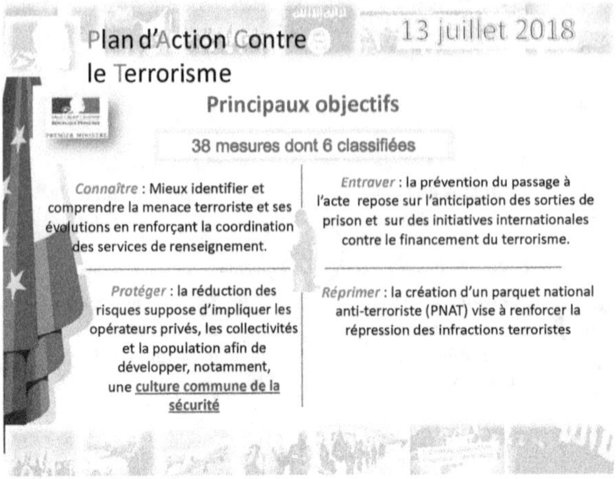

3.2.1.2 – La centralisation du rcnseignement

Les signalements proviennent de trois sources principales :

- Directement des services (environ un gros tiers) du fait de leur travail de recherche et d'investigation leur permettant souvent un recueil autonome et déjà en partie recoupé par leur travail

- Du CNAPR (numéro vert) à l'UCLAT. Juste après la création de ce centre d'appels, la part des signalements passant par ce canal correspondait à la moitié du volume total. L'exploitation de ces informations par les services de renseignement, judiciaires ou par les divers partenaires territoriaux et leur propension à la pro action en la matière a, progressivement et naturellement, ramené la part de cette source à un tiers et aujourd'hui à moins du quart du total.

- Des états-majors de sécurité des préfectures, particulièrement dans le cadre des groupes d'évaluation départementaux (GED, à vocation opérationnelle, existant depuis juin 2014 mais objets d'une doctrine, initiée par l'UCLAT, pilote du dispositif, officialisée le 14 décembre 2018), des CPRAF (Cellules pour la prévention et l'accompagnant des familles, à vocation sociale et sous pilotage du CIPDR) et des partenaires institutionnels (santé, éducation nationale, collectivités territoriales, associations...) pour environ 42 à 45 %. Les GED et les CPRAF sont présidés par les Préfets et les procureurs y participent utilement depuis 2018.

3.2.1.3 – La territorialisation du traitement

Ces signalements sont travaillés, éventuellement recoupés et en tout cas transmis à l'UCLAT qui, en fonction d'éléments sérieux, inscrit le ou les individus signalés au FSPRT et diligente un traitement du signalement sous la forme d'une évaluation par un service spécialisé. Un service chef de file est alors désigné par le groupe d'évaluation territorialement compétent[162], possédant des droits d'écriture et de lecture intégraux sur la fiche, possiblement assisté d'un service co-traitant auquel peuvent aussi être ouverts des droits de lecture et d'écriture. Enfin, un tiers service peut également être désigné pour information (droit de lecture) avec possibilité de solliciter des droits accrus en cas de hit positif.

---

[162] Présidé par le Préfet ou, en cas d'impossibilité avérée, par son directeur de cabinet (sauf particularités zonales liées à l'existence d'un préfet délégué à la sécurité et à la défense ou un préfet de police dès lors habilités pour la suppléance de l'autorité préfectorale). Le Procureur y assiste, souvent interactivement.

3.2.2 Terrorisme et radicalisation. Compréhension

3.2.2.1 Le terrorisme

S'inscrit dans un cadre non conventionnel visant des objectifs politiques par des méthodes et pressions extrêmes.

Il peut être en soi constitutif d'une infraction en tant qu'entreprise individuelle ou collective visant à troubler gravement l'ordre public par l'intimidation ou la terreur.

Il peut également s'inscrire dans les éléments constitutifs d'autres infractions ou se nourrir de leurs effets et contextes (assassinats, violences, vol, escroqueries, trafic d'armes, participation à un groupe de combat, destruction de biens, financement…) pour qualifier la participation à un groupement formé en vue de préparer des actes terroristes (Association de malfaiteurs en lien avec une entreprise terroriste

3.2.2.2 – La radicalisation n'a pas de définition légale

Il ne s'agit en effet pas d'une infraction en tant que telle mais un consensus criminologique et sociologique sur son acception peut permettre d'envisager, outre cette absence de qualification, qu'il ne s'agit pas forcément non plus d'une pathologie mentale ou d'une dérive sectaire, même si, dans ces deux derniers cas, une radicalisation violente et dangereuse peut évidemment en découler avec des causes dès lors identifiées.

On considère qu'il s'agit, pour le moins, d'un processus plus ou moins rapide impliquant l'acceptation, l'adoption, le soutien ou l'apologie d'une forme d'action violente, au service d'une idéologie extrême.

La définition la plus rapprochée de cette vision est quasi unanimement reconnue comme celle émise par le chercheur sociologue franco-iranien Farhad Khosrokhavar :

« Processus par lequel un individu ou un groupe adopte une forme violente d'action, directement liée à une idéologie extrémiste à contenu politique, social ou religieux qui conteste l'ordre établi sur le plan politique, social ou culturel »

3.2.2.3 – Rapports entre radicalisation et terrorisme

Une idéologie extrême qui génère une radicalisation violente peut conduire à des violences contestataires graves, telle que plusieurs manifestations de rue en ont occasionnées ces dernières années (gilets jaunes, anarchistes, black blocks…) ou à un passage à un acte terroriste collectif ou individuel.

La pyramide suivante décrit le processus habituellement constaté de progression de la base (repli communautaire) vers le haut (crimes terroristes) même si on relève quelques exceptions notables, par exemple celle de l'auteur de l'attentat survenu le 24 avril 2021 au commissariat de Rambouillet (78) contre une fonctionnaire administrative regagnant son poste après sa pause déjeuner.

3.2.3 - Les indicateurs de radicalisation

Ils reposent sur les critères essentiels suivants, habituellement relevés :

- <u>Ruptures</u> : changement d'apparence, de comportement
- <u>Environnement personnel</u> **:** famille et relationnel
- <u>Théories et discours</u> **:** théorie du complot, antisémitisme, prosélytisme
- <u>Techniques</u> **:** réseaux sociaux, dissimulation

Lesquels permettent d'établir une grille répondant au plus près à l'acronyme **A.S.P.E.C.T** :

- **A**pparence (rupture ostentatoire de l'image, attributs physiques et vestimentaires hyper-ritualisés,
- **S**tratégies (Duplicité, Dissimulation ou Prosélytisme et le plus souvent usage des réseaux sociaux et des moyens mobiles de communication)

- **P**rofil (jeune adulte ou mineur récemment converti ou non, précarité du lien social et affectif, fragilités psychologiques et/ou antécédents judiciaires),
- **E**nvironnement (précarité du lien intrafamilial, milieu socio-culturel fragilisé déstructuré ou pathogène),
- **C**omportement (pratiques religieuses très ritualisées mimétisme culturel, rupture avec les conduites et habitudes de vie),
- **T**héories et discours (propos littéralistes et stéréotypés, théories complotistes et conspirationnistes, discours anti-occidentaux et anti-juifs).

3.3 - La coordination des mesures de police administrative par l'UCLAT en lien avec la DLPAJ (Direction des Libertés Publiques et des affaires Juridiques du ministère de l'Intérieur et la Direction Générale des Étrangers en France)

- Assignation à résidence dans le cadre de l'état d'urgence
- Contrôle administratif des retours sur le territoire
- Blocage de sites Internet
- Interdiction administrative de territoire
- Dissolution de groupement
- Déchéance de nationalité
- Fermeture des lieux de culte
- Gel des avoirs
- Interdiction de communiquer
- Assignation à résidence
- Expulsion
- Refus d'accès au territoire national
- Refus de délivrance de passeport
- Mesures individuelles de contrôle administratif et de surveillance (MICAS)

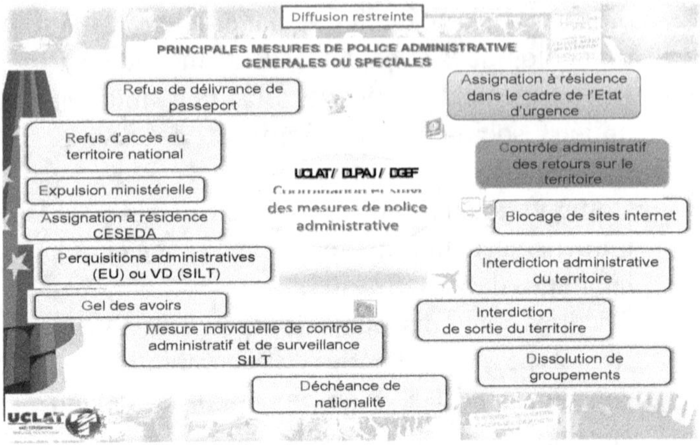

– Suivi spécialisé des individus sortants de prison –

Présentation de l'Unité permanente de suivi des sortants de prison (UPSSP)

Conformément au plan d'action contre le terrorisme (PACT) du 13 juillet 2018, l'unité permanente de suivi des sortants de prison (UPSSP) a été créée au sein de l'Unité de Coordination de la Lutte anti-Terroriste dès le 15 juin 2018 et placée alors au sein de son Département de Police Administrative (DPA).

<u>Objectifs</u> :

- **S'assurer** que chaque individu qui sort de prison TIS (terroriste islamiste sunnite) RAD (ex DCSR – détenu de Droit Commun Susceptible de Radicalisation -) sortant fasse l'objet d'un **suivi opérationnel adapté** par les services de police, de gendarmerie ou de renseignement après son incarcération afin de maintenir une continuité et **éviter toute interruption de. Vigilance.**

- **S'assurer**, lorsque les conditions juridiques sont réunies, qu'une éventuelle **mesure de police administrative** soit prononcée afin de prévenir un éventuel acte lié au terrorisme.

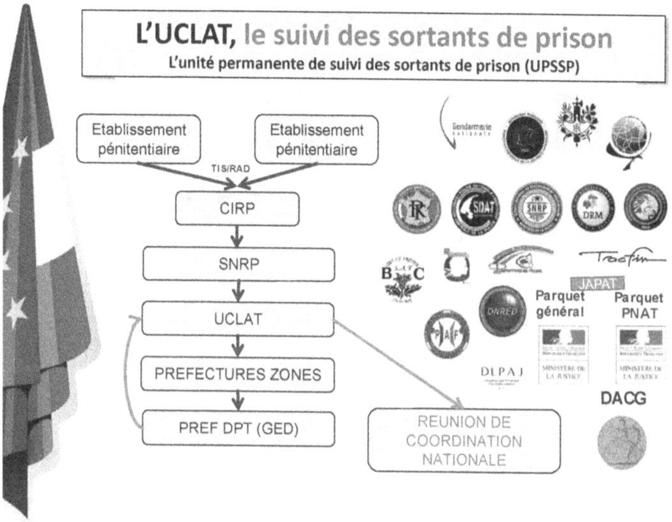

- Comme indiqué ci-dessus, chaque mois une réunion de coordination nationale est organisée à l'UCLAT. Pour la préparer, le Service national du renseignement pénitentiaire (SNRP) recueille via ses structures zonales (les CIRP) les informations relatives aux détenus terroristes ou radicalisés susceptibles d'être libérés dans les trois mois à venir. L'UCLAT adresse. Ces listes aux préfectures de zones afin de servir les préfectures de départements chargées d'étudier ces projections à l'occasion des Groupes d'Évaluation départementaux de la Radicalisation qui remonte les informations recoupées. À l'occasion de la réunion mensuelle, chacun des cas est évoqué, le suivi individuel confirmé ou réattribué et les particularités liées aux remises de peine ou aux sanctions modifiant substantiellement les échéances de sortie sont rappelées.

- Les services de renseignement et judiciaires des premier et deuxième cercles assistent à cette réunion aux côtés du Parquet National Anti-Terroriste dont le procureur co-préside occasionnellement l'instance avec le Chef de l'UCLAT, tout comme le Parquet Général de Paris, la DACG et les JAPAT (juges d'application des peines anti-terroristes), la CNRLT, la DLPAJ, la PAF et la DGEF.

CONCLUSION

Le système français de coordination de la lutte anti-terroriste, certains parlent de modèle, a le mérite d'avoir, depuis près de quarante ans, su répondre, pas à pas, à l'évolution et à la succession des menaces par ses capacités d'adaptation, de compréhension et de contextualisation. Le principe même de coordination voulu par les autorités politiques de notre pays en 1984 a été à l'origine de la création de l'Unité dédiée à cette importante mission transversale et prospective.

Les procès d'intention qui ont pu parfois nous être faits à l'international par nos partenaires principaux, notamment les Britanniques et les Américains, de subir un terrorisme personnel, dont ils se pensaient eux-mêmes protégés par leur force ou leur organisation, en raison de notre passé colonial et de ses conséquences, n'ont pas résisté au mitage inéluctable de nombreuses régions du monde, y compris dans le saint des saints américains ou au cœur de Londres, par l'hydre insidieuse des radicalités les plus violentes et de leur corollaire terroriste si fréquent.

La persistance de la menace terroriste sur l'ensemble de la planète, au cœur de son champ historique du Proche-Orient, du Sud-est asiatique à l'Europe en passant par le lent mais inexorable cancer terroriste et politique désormais installé sur l'ensemble de l'Afrique (Sahel, Afrique centrale, Mozambique, Somalie…) et dont les pays d'Amérique latine ne sont plus protégés, doit rendre modeste. Il ne faut en effet surtout pas considérer comme un succès l'apparent ralentissement des attaques terroristes sur notre sol ou faisant grief à nos intérêts en divers points sensibles du globe.

La multiplication de réformes sécuritaires, de plans contre le terrorisme et la radicalisation, avant et après l'état d'urgence décrété dans la nuit du 13 au 14 novembre 2015 et en vigueur jusqu'au 1er novembre 2017 lorsqu'entra en vigueur la loi du 31 octobre 2017 renforçant la sécurité intérieure et la lutte contre le terrorisme (dite loi SILT), a pu certainement contribuer à l'apparente accalmie que nous connaissons actuellement dans ce domaine, accalmie cependant en trompe-l'œil au regard des raisons qui ont pu y participer.

Au premier rang de ces raisons, la pandémie Covid19 et son impact sur la plupart des sociétés du monde ainsi que la transformation progressive de la géopolitique mondiale, particulièrement depuis l'invasion de l'Ukraine par la Russie le 24 février 2022. Cette guerre, à nos portes, aggrave les conditions économiques en provoquant des inflations parfois fortes et, de fait, déstabilisatrices en termes d'ordre public. Elle vient imposer une vigilance accrue face à la poudrière que restent le Proche et le Moyen-

Orient, zones où les Russes et les Turcs ont tenté d'imposer leur influence par leurs interventions locales, visant en réalité prioritairement des objectifs personnels comme celui d'affaiblir les résistances internes à Daech, dont celles des forces kurdes, directement visées par l'intransigeance turque à leur égard, et l'Arménie, desservie dans son conflit territorial avec son voisin et ennemi azerbaïdjanais par le soutien apporté à ce dernier par les Russes.
Une relation opérationnelle plutôt trouble s'est ainsi, de fait, engagée en Syrie entre la Russie et la Turquie, interrogeant quant à l'appartenance de ce dernier État à l'OTAN.

À notre échelle, nous pouvons considérer que les progrès institutionnels et statutaires de ces dernières années, qui sont une réalité, se heurtent malgré tout à trois écueils notables :

- Une situation internationale, climatique et sanitaire de plus en plus instable. Compliquée en France par l'organisation de deux événements mondiaux majeurs en 2023 (Coupe du Monde de Rugby) et 2024 (Jeux Olympiques et Paralympiques) pouvant offrir une exposition à des troubles et à des projets violents et terroristes cherchant à profiter d'une telle tribune.

- Un amalgame toujours possible, intérieurement comme à l'international, entre lutte anti-terroriste et maintien des droits fondamentaux au regard, par exemple, des procédures d'exception, judiciaires comme administratives, engagées pour prévenir et combattre les radicalisations les plus extrêmes et les terrorismes qui en découlent souvent.

Les tentations éthiques, idéologiques ou tactiques de dénoncer des mesures jugées contraires aux Droits de l'Homme dans le cadre de ce combat incitent à une forme de transparence et à la tenue régulière d'un bilan d'équilibre quant à l'équation importante posée.

- Enfin, une confusion à éviter entre les diverses formes de coordinations de la lutte anti-terroriste qui cohabitent désormais dans notre dispositif national.

Sur le dernier point, la création de la CNRLT en 2017, « Task Force » chargée d'une coordination politique et stratégique par le haut, depuis le sommet le plus élevé de l'État, la décision de confier le chef de filât de la lutte anti-terroriste à la DGSI en 2019, laquelle, au travers d'instances créées pour l'occasion et plutôt en rodage (EMaP, CPO, voir plus avant), est censée assurer la coordination opérationnelle de cette lutte se traduisant plutôt pour l'instant comme un pilotage, et l'existence d'organisations antérieures à l'origine d'efforts et d'avancées importantes réalisés entre 2013 et 2017 et dont l'expertise est reconnue - notamment pour l'UCLAT en termes de coordination opérative, administrative et normative -, doit interroger sur la valeur ajoutée que peut avoir cette conjonction de coordination.

L'objectif principal d'une coordination, même et surtout multiple, de lutte contre un désordre aussi préjudiciel et meurtrier que peut l'être le terrorisme consiste à prioritairement trouver des solutions pour protéger les citoyens et entraver ceux qui les menacent.

Dès lors, cette conjonction de coordination doit avant tout se montrer intelligemment interactive et en aucun cas prétendre appliquer, au-delà des axes souhaités politiquement et stratégiquement, des méthodes prémâchées aux réponses opérationnelles ou opératives. La tentation d'absorption de l'antérieur par ce qui est nouveau, sans recul, serait, en ce sens, la pire orientation à choisir.

En n'oubliant jamais que l'enrichissement du dispositif par le suivi et la réponse judiciaires des dossiers à l'initiative d'un Parquet National Anti-Terroriste très engagé et d'une compétence rare, des juges d'investigation ou d'application des peines particulièrement impliqués, une Direction des Affaires Criminelles et des Grâces à l'écoute et des parquets locaux en totale osmose avec les groupes d'évaluation départementaux de la radicalisation violente pouvant conduire au terrorisme, renforcent les garanties offertes au citoyen et aux principes déontologiques devant présider en permanence aux actions conduites par l'ensemble des partenaires investis dans ce combat quotidien.

Nous devons garder à l'esprit que, bien avant le vecteur universitaire, politique, stratégique ou administratif susceptible d'exploiter au mieux la technicité de la coordination de la lutte anti-terroriste française, ce sont d'abord les victimes de cette guerre indiscriminée qui doivent être soutenues et accompagnées, y compris évidemment celles potentielles que nous sommes tous en risquant d'être surpris au mauvais endroit au mauvais moment par l'initiative lâche d'un « combattant » caché ou kamikaze.

Cette dernière précision pour, notamment, répondre à l'idée défendue dans certains cercles que le terrorisme tue généralement moins que la route, l'alcool ou la cigarette et, qu'en conséquence, les moyens mis au service de sa

prévention et de son éradication seraient disproportionnés…
La violence radicale, la terreur inspirée, les dégâts physiques, psychologiques et matériels causés à très long terme par le terrorisme méritent un autre traitement qu'un comparatif de chiffres iconoclaste.

Prévention, surveillance et détection en matière de terrorisme

Julie LEONHARD
MCF Droit privé et sciences criminelles, HDR
IFG UR 7301, Université de Lorraine

Pourquoi prévenir ? Les infractions terroristes, et dans leur sillon les personnes dites « radicalisées » qu'elles soient délinquantes ou non, préoccupent considérablement le législateur ces dernières années. Entre l'instauration de procédures pénales particulières[163], les règles d'exécution des peines dérogatoires[164] et les créations d'interdits spécifiques[165], le droit pénal ne cesse d'être questionné et modifié. Outre les modifications apportées à la répression, le législateur développe aujourd'hui également des moyens de prévenir la commission d'infractions terroristes et de déradicaliser les personnes aux propos et actes islamistes extrémistes. En matière de lutte contre le terrorisme, prévenir est devenu tout aussi important que de punir. Ce volet préventif vise principalement à contrôler et à surveiller la circulation des individus représentant un risque.

Comment prévenir ? Pour être efficaces les mesures de prévention pensées ambitionnent de pouvoir détecter les personnes « à risque(s) » et de limiter leurs mouvements et leurs moyens d'actions afin de s'assurer de leur neutralisation. Les lois se succèdent[166] et offrent désormais

---

[163] C. rpoc. Pen., art. 706-73 11°.

[164] V° Catherine MENABE, dans le présent ouvrage (p.159).

[165] C. pen., art. 421-1 et s.

[166] Il s'agit essentiellement de la loi n°2014-1353 du 13 novembre 2014 renforçant les dispositions relatives à la lutte contre le terrorisme (JORF n°0263 14 nov. 2014), de la loi n°2016-731 du 3 juin 2016 renforçant la lutte contre le crime organisé, le terrorisme et leur financement, et

deux types de mesures (I) dont la cohérence d'ensemble n'est que trop peu questionnée (II).

I. L'existence de deux systèmes parallèles de prévention

Prévenir « à tout-va ». La loi du 30 juillet 2021 relative à la prévention d'actes de terrorisme et au renseignement prolonge et complète les mesures de lutte antiterroriste mises en place depuis quelques années. Le texte fait preuve d'une originalité certaine en proposant tout à la fois des mesures administratives (A) et des mesures judiciaires (B), traduisant ainsi la volonté du législateur d'user de tous les moyens dont il dispose sans toutefois proposer une logique coordonnée entre les services.

A. Les mesures administratives

Les mesures de police administratives. Utilisées principalement pour surveiller (*a minima*), voire paralyser (*a maxima*) les personnes soupçonnées de radicalisation et/ou ayant été condamnées pour une infraction terroriste après l'exécution de leur peine, les mesures de police administrative ne cessent de se multiplier depuis la loi du 30 novembre 2014. La loi du 31 juillet 2021 maintient les mesures créées par la loi du 30 octobre 2017, à savoir, les périmètres de protection[167], les fermetures des lieux de

---

améliorant l'efficacité et les garanties de la procédure pénale (JORF n°0129, 4 juin 2016), de la loi n°2017-1510 du 30 octobre 2017 renforçant la sécurité intérieure et la lutte contre le terrorisme (JORF n°0255, 31 oct. 2017) et de la loi n°2021-998 du 30 juillet 2021 relative à la prévention d'actes de terrorisme et au renseignement (JORF n°0176, 31 juill. 2021).

[167] C. sécu. int., art. L. 226-1. et s.

culte[168] et les mesures individuelles de contrôle administratif et de surveillance (MICAS)[169] qui ne devaient être en vigueur que jusqu'au 31 juillet 2021[170]. L'occasion était donnée de modifier les conditions de mises en œuvre de ces mesures et surtout leur contrôle juridictionnel, jugés insuffisants par certaines instances[171], car ne permettant pas au juge administratif de vérifier la réalité des motifs conduisant au prononcé de mesures administratives de prévention ; le législateur n'a pas saisi l'opportunité.

Focus *sur les MICAS.* Le législateur prévoyait en 2021 d'étendre la durée totale des MICAS à vingt-quatre mois lorsque les obligations l'assortissant étaient prononcées dans un délai de six mois avant la libération d'une personne ayant fait l'objet d'une condamnation à une peine d'emprisonnement supérieure ou égale à cinq ans pour des faits de terrorisme, ou d'une durée supérieure ou égale à trois ans en cas de récidive légale. Le Conseil constitutionnel a censuré cet allongement de la durée des MICAS, considérant qu'il portait une atteinte excessive à la liberté d'aller et venir et à la vie privée (en particulier au droit de mener une vie familiale normale)[172]. Si ce n'est la nouvelle possibilité de cumuler l'interdiction de paraître avec les obligations prévues à l'article L.228-2 du code de

---

[168] C. secu. int., art. L. 227-1 et s.

[169] C. sécu. int., art. L. 228-1 et s.

[170] La loi du 30 octobre 2017 limitait l'existence de ces mesures au 31 décembre 2021 ; la loi n°2020-1671 du 24 décembre 2020 relative à la prorogation des chapitres VI à X du titre II du livre II et de l'article L. 851-3 du code de la sécurité intérieure (JORF n°0312 du 26 déc. 2020) les avait prorogées jusqu'au 31 juillet 2021.

[171] Notamment le Défenseur des droits, avis n°21-07 du 18 mai 2021, malgré la décision de conformité du Conseil constitutionnel du 30 juillet 2021, n°2021-822 DC.

[172] Cons. const. 30 juill. 2021, décision QPC n°2021-822 DC ; AJDA 2021, p. 1653 ; D. act. 5 avril 2018 ; D. 2021, p. 1541.

la sécurité intérieure, le régime des MICAS demeure inchangé[173].

B. Les mesures judiciaires

Le recours aux mesures de sûretés. Héritée des idées positivistes, la mesure de sûreté a pour objectif de protéger la société et de prévenir la survenance d'infractions en neutralisant, et/ou en surveillant et/ou en traitant les individus considérés comme dangereux, en principe indépendamment de la commission d'une infraction. Elle peut être prononcée *ante delictum* ou après l'exécution d'une peine lorsque le condamné demeure dangereux. Les mesures de sûretés constituent donc l'outil de prédilection de l'autorité judiciaire lorsqu'il est question de surveiller et de prévenir la commission d'infractions terroristes. Non seulement certaines mesures de sûreté de droit commun peuvent être décidées[174], mais le législateur a créé en 2021 une mesure de sûreté spécifique au terrorisme[175].

---

[173] V° Pierre ROUSSEAU et François ROUSSEAU, « Prévention d'actes de terrorisme et renseignement – Commentaire de la loi du 30 juillet 2021 », Dr. pen. n°10, oct. 2021, étude 18 ; Farah SAFI, « La loi du 30 juillet 2021 relative à la prévention d'actes de terrorisme et au renseignement- Entre pérennisation et extension de l'exception », JCP G 4 oct. 2021, act. 1012.

[174] Il s'agit notamment du suivi socio-judiciaire et de la surveillance judiciaire ; V° Ludivine GREGOIRE, « Les mesures de sûretés appliquées aux mineurs terroristes : une réponse pénale à parfaire », *in Réinsérer les femmes et les mineurs face au soupçon terroriste*, Catherine MENABE et Julie LEONHARD (dir.), L'Harmattan, coll. « BibliothèqueS de droit », 2023, p. 283 et s.

[175] Elle a été validée par le Conseil constitutionnel, saisi notamment par les sénateurs de l'examen de la constitutionnalité de l'article 6 de la loi n° 2021-998 du 30 juillet 2021 ; décision n°2021-822 DC du 30 juillet 2021.

La mesure judiciaire de prévention de la récidive terroriste et de réinsertion. Spécialement dédiée à la prévention du terrorisme, cette mesure de sûreté est directement inspirée des mesures de sûreté ayant fait l'objet d'un projet de loi censuré par le Conseil constitutionnel[176]. Elle permet au tribunal de l'application des peines de Paris, sur réquisitions du procureur de la République antiterroriste, d'imposer à un condamné en fin de peine[177] une ou plusieurs des six obligations figurant au nouvel article 706-25-16 du code de procédure pénale, dès lors qu'il présente « *une particulière dangerosité caractérisée par une probabilité très élevée de récidive et par une adhésion persistante à une idéologie ou à des thèses incitant à la commission d'actes de terrorisme, faisant ainsi obstacle à sa réinsertion* ».

II. L'efficacité incertaine de la prévention

La prévention à quel prix ? Si tous les moyens mis à disposition des autorités administratives et judiciaires semblent actionnés face à l'ampleur du phénomène terroriste et à la crainte qu'il génère, le législateur n'a souhaité ni définir la notion de dangerosité au cœur des dispositifs (A), ni s'interroger sur les conséquences d'une surveillance, parfois considérable, sur les individus (B).

A. L'obscure dangerosité au cœur de la prévention

La clef de voute de la prévention : la dangerosité. La peur du danger gouverne en matière de prévention du terrorisme

[176] CC, décision n°2020-805 DC du 7 août 2020, loi instaurant des mesures de sûreté à l'encontre des auteurs d'infractions terroristes à l'issue de leur peine, JORF n°0196 du 11 août 2020, texte n° 4 ; AJDA 2020, p. 2319.

[177] La peine prononcée doit avoir été au minimum de cinq ans d'emprisonnement non assortie du sursis.

et le législateur fait naturellement de la dangerosité des individus la condition *sine qua none* au prononcé des mesures administratives comme des mesures judiciaires. Les termes pour la désigner prolifèrent : pour les mesures de police administratives, le législateur renvoie à la notion de « *risque* »[178] ou de « *menace d'une particulière gravité pour la sécurité et l'ordre public* »[179], alors que pour la nouvelle mesure de sûreté spécifique à la lutte contre le *terrorisme* il évoque « *une particulière dangerosité caractérisée par une probabilité très élevée de récidive et par une adhésion persistante à une idéologie ou à des thèses incitant à la commission d'actes de terrorisme* »[180]. Aucune précision supplémentaire quant au contenu n'est toutefois apportée, le concept de dangerosité semblant hermétique à toute tentative de définition[181].

Comment apprécier la dangerosité ? Si la dangerosité des individus n'est appréciée que par les autorités administratives compétentes pour le prononcer une mesure de police administrative, elle doit faire l'objet, dans le cadre d'une mesure de sûreté judiciaire, d'une évaluation par la commission pluridisciplinaire des mesures de sûreté (CPMS) et par le centre national d'évaluation (CNE) de l'administration pénitentiaire. Dans tous les cas, déterminer qu'un individu est dangereux et estimer son niveau de dangerosité relève d'une appréciation nécessairement subjective, difficile, voire impossible, à contredire.

---

[178] Par ex. : « risque d'actes de terrorisme à raison de (…) l'ampleur de [la] fréquentation » pour les périmètres de protection (c. sécu. int., art. L. 226-1).

[179] Par ex. pour les MICAS (c. sécu. int., art. L. 228-1).

[180] C. proc. pen., art. 706-25-16.

[181] V° Léa LEPOIX, « La dangerosité : concept versatile objet de réinsertion ou de relégation », *in Réinsérer les femmes et les mineurs face au soupçon terroriste*, Catherine MENABE et Julie LEONHARD (dir.), L'Harmattan, coll. « BibliothèqueS de droit », 2023, p. 129 et s.

B. Les dangers obscurs de l'omni-surveillance

La réalité d'un sentiment d'omni-surveillance. L'étendue des mesures de prévention, administratives et judiciaires, et le caractère indéterminé de la dangerosité soupçonnée des individus permettant leur prononcé, additionné à l'absence de concertation entre les autorités administratives et judiciaires, conduisent à ce qu'une personne puisse être soumise cumulativement à des mesures de nature différente et pour un laps de temps considérable. Il n'y a alors aucune difficulté à imaginer que cette personne ne sent constamment surveiller et (sur)contrôlée. Si le législateur décidait demain d'opter pour une communication minimale entre les services compétents (administratifs et judiciaires), voire s'il créait une véritable action coordonnée et réfléchie, les mesures de surveillance et de contrôle seraient assurément plus conformes au degré de dangerosité de chaque individu et moins attentatoires aux libertés de chacun.

Les méfaits possibles de l'omni-surveillance. La surveillance poussée à un tel degré ne peut raisonnablement ne produire que des conséquences fastes pour les individus concernés. À être trop bridé, voire empêché de quasi tout mouvement, franchir la ligne peut devenir une solution pour retrouver la liberté. À trop permettre le cumul de mesures de prévention, le législateur ne serait-il pas en train d'augmenter le risque de passage à l'acte chez certaines personnes ? Ne devrions-nous pas repenser nos dispositions et les réorganiser pour gagner en individualisation pour ne prononcer que des mesures strictement utiles (et donc propices à être plus efficaces) ? Le gain pour les professionnels en charge de ces mesures (du prononcé au contrôle) serait également certain. Il est à espérer qu'une telle réflexion soit prochainement menée par le législateur.

Le droit de la peine en matière terroriste

Catherine MÉNABÉ
Maître de conférences HDR en Droit privé et sciences criminelles, Université de Lorraine, IFG (UR 7301)

Le caractère dérogatoire du droit applicable en matière terroriste a fait l'objet de nombreuses études mettant en exergue d'un côté la nécessaire spécialisation du droit de fond et de forme face à une criminalité atypique et, de l'autre, les risques d'atteinte aux droits fondamentaux découlant de la multiplication et de l'extension des dérogations au droit commun[182]. Ces dérogations et particularités juridiques ont été largement commentées concernant tant l'incrimination des faits que la poursuite des auteurs mais peu de recherches se sont concentrées sur la phase finale de la répression : l'infliction des peines[183]. Le droit de la peine en matière terroriste intéresse assez peu, probablement car il arrive en bout de chaîne pénale, une fois le terroriste identifié, arrêté, reconnu coupable et finalement neutralisé, au moins à court terme. Pourtant, le droit de la

---

[182] J. Alix et O. Cahn, « Mutations de l'antiterrorisme et émergence d'un droit répressif de la sécurité nationale », RSC 2017, p. 845 ; J. Alix, « Flux et reflux de l'intention terroriste », RSC 2019, p. 505 ; J. Alix, « Radicalisation et droit pénal », RSC 2020, p. 769 ; R. Parizot, « Loi du 3 juin 2016 : aspects obscurs de droit pénal général (Loi n° 2016-731 du 3 juin 2016 renforçant la lutte contre le crime organisé, le terrorisme et leur financement, et améliorant l'efficacité et les garanties de la procédure pénale », RSC 2016, p. 376 ; E. Dreyer, « Le droit pénal sécuritaire », Recueil Dalloz 2021, p. 1973 ; R. Parizot, « Surveiller et prévenir... à quel prix ? », JCP 2015, p. 1816 ; O. Cahn, « Sauriez-vous reconnaître le terroriste ? », Grief, n° 4, 2017, Dalloz/Ed. EHESS, p. 127-138.

[183] *Cf.* Définition de la « répression » issue de G. Cornu et Association Henri Capitant, *Vocabulaire juridique*, PUF, 14e éd., 2022 : « *action de réprimer incluant l'incrimination des faits délictueux, la poursuite de leurs auteurs et l'infliction des peines* ».

peine est empli lui aussi de dispositions dérogatoires dont la teneur révèle un message de sévérité extrêmement clair. Le droit de la peine en matière terroriste est un « outil de mise à l'écart prolongée »[184]. L'évidence semble même s'imposer : à idéologie extrême, réponse extrême. Cette « réponse radicale » reste toutefois évidemment bornée par la légalité criminelle… du moins en ce qui concerne les peines, les mesures de sûreté ne revêtant pas la même nature n'y étant pas soumises[185]. La justice terroriste est donc sévère, dans les limites que la loi lui permet, parce qu'acteurs et créateurs de la loi cherchent à protéger la population contre des individus à l'idéologie extrémiste prônant la violence[186] et représentant un danger élevé pour la société. De nombreux mécanismes légaux permettent par conséquent d'assurer une peine lourde et certaine pour prémunir la société le plus longtemps possible contre de potentiels actes terroristes. Le droit de la peine est de ce fait irrésistiblement tourné vers la neutralisation (I). Mais une « longue » neutralisation (dont la durée est en réalité très variable selon la qualification pénale des faits) ne signifie pas une neutralisation indéfinie[187]. Le condamné a vocation à retrouver le milieu social après l'exécution de sa peine. Le droit de la peine en matière terroriste permet de limiter considérablement l'individualisation de l'exécution des

---

184 M. Herzog-Evans, « Droit de l'exécution des peines. Chapitre 4 - Évolution du droit de l'exécution des peines », Dalloz action, 2022/2023.

185 L. Grégoire, *Les mesures de sûreté - Essai sur l'autonomie d'une notion*, 2015, Fondation Varenne, Collection des thèses, 2015 ; J.-P. Céré et L. Grégoire, « Peine : nature et prononcé. Art. 3 – Distinction des peines et des mesures de sûreté », Rép. pén., juin 2020.

186 *Cf.* définition du « mobile terroriste » dans le code pénal pour les actes commis « intentionnellement en relation avec une entreprise individuelle ou collective ayant pour but de troubler gravement l'ordre public par l'intimidation ou la terreur » (art. 421-1 C. pén.).

187 Et en théorie même pour le condamné à la réclusion criminelle à perpétuité assortie de la période de sûreté perpétuelle (v. *infra*).

peines afin de garantir la certitude de la peine prononcée dans une logique de protection de la population face à un individu supposé dangereux, mais la justice terroriste se contente de décaler le problème. Elle ne leur permet pas (ou peu) de bénéficier de mesures de préparation à la sortie qui ont vocation à resocialiser et, de ce fait, elle prend le risque de faire sortir des radicalisés non-réinsérés. L'inéluctable constat de la persistance de la dangerosité amène ensuite le législateur à faire succéder à la neutralisation la surveillance. La mesure de sûreté devient le relai de la peine[188]. Alors que l'objectif des dérogations au droit de la peine est de protéger la Société face à des individus dangereux, la politique de neutralisation adoptée ne paraît pas adaptée tant la réponse pénale est insuffisamment tournée vers la réinsertion (II).

I. Un droit de la peine irrésistiblement tourné vers la neutralisation

Les peines encourues par les auteurs d'infractions à caractère terroriste s'illustrent par leur durée étendue par rapport au droit commun. Elles permettent voire incitent le juge à priver de liberté et/ou à restreindre la liberté pour des durées importantes. De manière complémentaire, les dérogations en matière d'exécution de la peine privative de liberté pour les terroristes visent à retarder toute sortie (A). Aux longues peines encourues viennent s'ajouter les longues peines exécutées (B).

---

188 L. Grégoire, *Les mesures de sûreté - Essai sur l'autonomie d'une notion*, *op. cit.* ; J.-P. Céré et L. Grégoire, « Peine : nature et prononcé. Art. 3 – Distinction des peines et des mesures de sûreté », préc. ; M. Herzog-Evans, « Droit de l'exécution des peines. Livre 5 – Les mesures de sûreté », Dalloz action, 2022/2023.

A. Les longues peines encourues

Au vu de la gravité et de la particularité des faits, le Code pénal prévoit des peines encourues plus sévères pour les infractions à caractère terroriste. Les peines privatives de liberté encourues pour des infractions de droit commun à mobile terroriste sont élevées d'un degré, le mobile jouant comme une sorte de circonstance aggravante[189]. Les infractions spéciales de terrorisme sont également sanctionnées par des *maxima* légaux conséquents[190]. Au vu du mobile particulier qui anime les terroristes, cette sévérité des peines encourues peut paraître juridiquement proportionnée, d'autant plus que le juge conserve son pouvoir d'individualisation de la nature et du *quantum* des peines. Toutefois, tant les peines encourues que les peines prononcées sont jugées particulièrement sévères[191] compte tenu des faits susceptibles de faire l'objet des qualifications pénales de terrorisme qui se caractérise par une répression anticipée sur le chemin criminel[192].

---

189 Y. Mayaud, « Terrorisme – Infractions », Rép. pén., janv. 2020 (actu. : mars 2022) ; J. Leonhard et C. Ménabé, *Le droit pénal spécial en schémas*, Ellipses, 2023.

190 Terrorisme écologique (art. 421-2), association de malfaiteurs à visée terroriste (art. 421-2-1), financement d'une entreprise terroriste (art. 421-2-2), non-justification de ressources tout en étant en lien avec des personnes se livrant à des actes terroristes (art. 421-2-3), recrutement à visée terroriste (art. 421-2-4), incitation des parents au terrorisme (art. 421-2-4-1), provocation et l'apologie du terrorisme (art. 421-2-5), entrave au blocage de sites internet terroristes (art. 421-2-5-1) et préparation individuelle d'actes terroristes (art. 421-2-6) ; Y. Mayaud, « Terrorisme – Infractions », préc. ; J. Leonhard et C. Ménabé, *Le droit pénal spécial en schémas*, op. cit.

191 E. Dreyer, « Le droit pénal sécuritaire », préc.

192 J. Alix, « Flux et reflux de l'intention terroriste », RSC 2019, p. 505 ; M. Massé, « La criminalité terroriste », RSC 2012, p. 89 ; N. Catelan et J.-B. Perrier, « L'entreprise individuelle terroriste et les axiomes du Conseil constitutionnel », Recueil Dalloz 2017, p. 1180.

Les infractions terroristes font aussi l'objet d'une aggravation des modalités d'exécution de la peine privative de liberté puisqu'elles font encourir la période de sûreté. Elle peut être de plein droit ou facultative selon les cas[193]. Pour le condamné à la perpétuité, la période de sûreté pouvait aller jusqu'à 22 ans mais la loi du 3 juin 2016[194] est allée plus loin et a permis une période de sûreté à titre dérogatoire jusqu'à 30 ans voire perpétuelle. Il s'agit d'un cas supplémentaire de perpétuité dite réelle[195]. Conformément à la jurisprudence de la Cour européenne,

---

[193] « La période de sûreté est *de plein droit* dans les conditions prévues aux deux premiers alinéas de l'article 132-23, c'est-à-dire en cas de condamnation à une peine privative de liberté, non assortie du sursis, dont la durée est égale ou supérieure à dix ans, prononcée pour les infractions spécialement prévues par la loi. Sa durée est de la moitié de la peine ou, s'il s'agit d'une condamnation à la réclusion criminelle à perpétuité, de dix-huit ans. Mais la cour d'assises ou le tribunal peut toutefois, par décision spéciale, soit porter ces durées jusqu'aux deux tiers de la peine ou, s'il s'agit d'une condamnation à la réclusion criminelle à perpétuité, jusqu'à vingt-deux ans, soit décider de réduire ces durées » (Y. Mayaud, « Terrorisme – Infractions », préc.).

[194] Loi n° 2016-731 du 3 juin 2016 renforçant la lutte contre le crime organisé, le terrorisme et leur financement, et améliorant l'efficacité et les garanties de la procédure pénale ; « Dossier : Lutte contre le terrorisme », AJ Pénal 2016, p.407 ; J.-B. Perrier, « Les garanties de la procédure pénale dans la loi du 3 juin 2016 : entre illusion(s) et désillusion(s) », Recueil Dalloz 2016, p. 2134 ; R. Parizot, « Loi du 3 juin 2016 : aspects obscurs de droit pénal général (Loi n° 2016-731 du 3 juin 2016 renforçant la lutte contre le crime organisé, le terrorisme et leur financement, et améliorant l'efficacité et les garanties de la procédure pénale », préc.

[195] Cette disposition de fond soumise au principe de non-rétroactive de la loi pénale plus sévère n'était pas applicable à Salah Abdelslam qui a quand même été condamné à la période de sûreté perpétuelle sur le fondement des dispositions qui préexistaient et qui permettaient la perpétuité incompressible pour l'assassinat (ou tentative d'assassinat) d'un membre des forces de l'ordre (art. 221-3 C. pén.).

un espoir de sortie doit être ménagé[196]. Celui-ci est surtout légal pour le terroriste condamné à la perpétuité réelle car on peut sérieusement douter que la procédure de relèvement permette véritablement de ménager un espoir de sortie au vu de sa lourdeur, conçue d'ailleurs pour éviter un tel relèvement : conformément à l'article 720-5 du code de procédure pénale, le tribunal de l'application des peines ne peut réduire la durée de la période de sûreté qu' « *à titre exceptionnel* », « *sur l'avis d'une commission composée de cinq magistrats de la Cour de cassation chargée d'évaluer s'il y a lieu de mettre fin à l'application de ladite décision de la cour d'assises* », « *dans les conditions prévues à l'article 712-7 du présent code* » et « *1° Qu'après que le condamné a subi une incarcération d'une durée au moins égale à trente ans ; 2° Que lorsque le condamné manifeste des gages sérieux de réadaptation sociale ; 3° Que lorsque la réduction de la période de sûreté n'est pas susceptible de causer un trouble grave à l'ordre public ; 4° Qu'après avoir recueilli l'avis des victimes ayant la qualité de parties civiles lors de la décision de condamnation ; 5° Qu'après expertise d'un collège de trois experts médicaux inscrits sur la liste des experts agréés près la Cour de cassation, chargé de procéder à une évaluation de la dangerosité du condamné* ». L'avis d'une telle commission risque fort de lier le tribunal d'application des peines !

D'autres illustrations du droit de la peine dérogatoire en matière terroriste peuvent être évoquées concernant les peines complémentaires[197]. Ainsi, la durée des interdictions de droit et de séjour est étendue jusqu'à 15 ans pour les crimes et 10 ans pour les délits alors que cette durée est en droit commun de 10 ans pour les crimes et 5 ans pour les

---

[196] V. CEDH, 9 juillet 2013, n° 66069/09, 130/10 et 3896/10, Vinter c/ Royaume-Uni, D. 2013. 2081, obs. M. Lena.
[197] Y. Mayaud, « Terrorisme – Infractions », préc.

délits. Quant à l'interdiction du territoire français, elle est devenue obligatoire avec la loi du 21 juillet 2016[198]. Même si une peine obligatoire n'est pas automatique (puisqu'elle doit être prononcée par le juge), elle s'impose à la juridiction qui doit pour l'écarter s'expliquer par une décision spécialement motivée. En outre, en matière terroriste, l'interdiction du territoire français n'est pas soumise aux causes d'exclusions du droit commun[199]. Pour ces condamnées, la loi exclut de prendre en compte les liens étroits qu'ils peuvent entretenir avec le territoire national dans le prononcé de l'ITF[200]. Le Code pénal permet également de prononcer à l'encontre des personnes physiques reconnues coupables d'actes de terrorisme la peine complémentaire de confiscation qui peut porter sur « tout ou partie des biens leur appartenant ou, sous réserve des droits du propriétaire de bonne foi, dont elles ont la libre disposition, quelle qu'en soit la nature, meubles ou immeubles, divis ou indivis »[201]. La confiscation peut ainsi être générale et peut aussi porter sur les éléments du patrimoine d'autrui[202]. Enfin, toujours à titre d'illustration du caractère dérogatoire du droit de la peine, la loi du 3 juin 2016 a également complété le Code pénal pour imposer le prononcé du suivi socio-judiciaire à l'encontre des condamnés pour infraction terroriste (sauf décision

---

[198] Art. 422-4 C. pén. ; Loi n° 2016-987 du 21 juillet 2016 prorogeant l'application de la loi n° 55-385 du 3 avril 1955 relative à l'état d'urgence et portant mesures de renforcement de la lutte antiterroriste ; M. Herzog-Evans, « Lois du 3 juin et du 21 juillet 2016 et exécution des peines : communication, (im)précisions, et répression », AJ pénal 2016, p. 470.

[199] Art. 131-30-2 C. pén.

[200] Art. L. 611-3 CESADA.

[201] Art. 422-6 C. pén.

[202] Le tiers ne pouvant y échapper que s'il est à même d'établir sa bonne foi.

spécialement motivée)[203]. La loi permet de garantir que ces condamnés seront l'objet d'un suivi à l'issue de leur incarcération (ce qui est plutôt tourné vers la réinsertion) mais elle permet aussi la possibilité de les assujettir à une surveillance électronique mobile (ce qui est plutôt tourné vers une forme de neutralisation et au minimum une surveillance).

B. Les longues peines exécutées

Concernant l'exécution de la peine privative de liberté en milieu fermé, l'administration pénitentiaire a un peu tardé en France à proposer un régime de détention spécifique aux détenus radicalisés malgré les risques qu'ils présentaient. De nombreux auteurs et le Contrôleur général des lieux de privation de liberté s'étaient étonnés de cette situation de flottement[204]. Fin 2014, la pratique pénitentiaire a opté, afin d'éviter le prosélytisme en détention, pour le regroupement des détenus radicalisés ou en voie de radicalisation (les TIS – terroristes islamistes – et les DCSR – détenus de droit commun susceptibles de radicalisation). La loi du 3 juin 2016 a donné un fondement légal à cette pratique et consacré les Unités de prévention de la radicalisation (UPRA)[205]. Ces unités ont fait l'objet de deux rapports très réservés du CGLPL[206] qui s'inquiétait d'un régime proche

---

[203] Art. 421-8 C. pén.

[204] CGLPL, « Avis du 11 juin 2015 sur la prise en charge de la radicalisation islamiste en milieu carcéral » ; V. également : CGLPL, « Prise en charge pénitentiaire des personnes « radicalisées » et respect des droits fondamentaux », Rapport, janv. 2020.

[205] « Régime *sui generis* ne s'apparentant ni à la détention ordinaire, ni à la mise à l'isolement » (Y. Mayaud, « Terrorisme – Infractions », préc.) ; C. Saas, « Radicalisation : répression et « sécurisation » », AJ pénal 2018, p. 116.

[206] CGLPL, « Radicalisation islamiste en milieu carcéral - 2016 L'OUVERTURE DES UNITES DEDIEES », 7 juin 2016 » et « Avis

de l'isolement, restreignant les droits fondamentaux ou y portant atteinte, risquant de produire un effet inverse à celui recherché et tourné vers une prise en charge principalement sécuritaire. À la suite d'une grave agression en détention[207], l'administration pénitentiaire a opté pour un « régime mixte » mêlant dispersion des détenus TIS et DCSR en détention ordinaire et regroupement de ceux « dont la radicalisation est la plus forte et la plus susceptible d'entrainer de la violence ». Les unités dédiées ont été remplacées par des quartiers d'évaluation de la radicalisation (QER) et des quartiers de prévention de la radicalisation (QPR), ces quartiers ayant vocation à assurer une évaluation et une prise en charge spécifique et pluridisciplinaire[208]. Se sont également développés parallèlement des programmes de prévention de la radicalisation violente (PPRV)[209]. Si les quartiers de prévention de la radicalisation ont vocation à permettre une prise en charge spécifiquement adaptée à des condamnés radicalisés potentiellement dangereux afin de permettre une réinsertion après l'exécution de la peine, il faut toutefois relever qu'une partie des détenus radicalisés est estimée trop dangereuse pour intégrer un QPR et fait alors l'objet du régime des « DPS » (détenus particulièrement signalés) qui conduit à un renforcement des contraintes sécuritaires

du 11 juin 2015 sur la prise en charge de la radicalisation islamiste en milieu carcéral », préc.

[207] Le Monde, « Une agression de surveillants dans une prison du Havre requalifiée en « tentative d'assassinat terroriste » », 21 juin 2019 (en ligne) ; Ouest-France, « Christian Ganczarski, le djihadiste jugé pour l'agression de surveillants de prison », 12 juin 2023 (en ligne) ; Le Figaro, « Comment surveiller les terroristes islamistes qui vont bientôt sortir de prison », 21 mars 2022 (en ligne).

[208] F. Habouzit, « L'usage de la notion de radicalisation dans le champ pénitentiaire (suite) : Existe-t-il un statut sui generis des personnes « radicalisées » ? », RSC 2018, p. 541.

[209] Plan national de la prévention de la radicalisation, 23 févr. 2018.

sans travail de désengagement idéologique[210]. Pour les plus dangereux, la prison consiste donc en une phase de « statu quo », de neutralisation au sein de la prison.

Concernant l'exécution de la peine privative de liberté en milieu ouvert, la loi du 3 juin 2016 et celle du 21 juillet 2016 ont rendu l'exécution des peines particulièrement dérogatoire pour les condamnés à une infraction à caractère terroriste (hormis pour les condamnés pour provocation ou apologie des actes terroristes[211]). La libération conditionnelle est soumise à des conditions plus strictes qu'en droit commun afin d'en limiter le prononcé, tout particulièrement en la soumettant à l'avis d'une commission chargée de procéder à une évaluation pluridisciplinaire de la dangerosité de la personne condamnée[212]. Au vu de l'importance que peut représenter le prononcé de la mesure, la libération conditionnelle pour ces condamnés relève du tribunal d'application des peines qui peut en outre s'opposer à la mesure lorsqu'elle est susceptible de causer un trouble grave à l'ordre public, ce qui peut considérablement en limiter le prononcé en la matière même en l'absence de dangerosité établie par la commission pluridisciplinaire. Quant aux aménagements de fin de peine, ils sont exclus par principe : le condamné pour infraction terroriste ne peut bénéficier des dispositions relatives au fractionnement et à la suspension de peine[213], à

---

[210] Circulaire du 15 octobre 2012 relative à l'instruction ministérielle relative au répertoire des détenus particulièrement signalés (DPS), publiée au bulletin officiel du ministère de la Justice n° 2012-10 du 31 octobre 2012.

[211] Les dispositions concernées précisent qu'elles sont applicables «au condamné pour une ou plusieurs infractions mentionnées aux articles 421-1 à 421-6 du code pénal, à l'exclusion de celles définies aux articles 421-2-5 à 421-2-5-2 du même code ».

[212] Art. 730-2-1 c. proc. pén.

[213] Art. 720 c. proc. pén.

la semi-liberté et au placement à l'extérieur lorsque la peine restant à exécuter est inférieure ou égale à deux ans[214]. La sortie de l'établissement pénitentiaire ne peut qu'être qu'exceptionnelle et temporaire dans le cadre de la sortie sous-escorte qui reste techniquement possible[215]. Les condamnés terroristes ne bénéficient pas non plus des mêmes réductions de peine que les détenus de droit commun. Avant la loi du 22 décembre 2021 pour la confiance en l'institution judiciaire, ils ne pouvaient bénéficier des crédits de réduction de peine[216]. Depuis le caractère automatique du crédit a disparu mais le régime actuel des réductions de peine (anciens crédits et réductions de peines supplémentaires) reste intimement lié au précédent puisque les condamnés terroristes ne peuvent bénéficier des réductions de peine qu'à hauteur de trois mois par année d'incarcération ou de sept jours par mois, le quantum de ces réductions restant donc divisé par deux par rapport aux condamnés de droit commun[217].

Les moyens légaux pour garantir la mise à l'écart des terroristes sont nombreux. Certains s'imposent même à la justice qui perd partiellement son pouvoir d'individualisation des peines (principalement d'individualisation de l'exécution des peines) en matière terroriste. Pourtant, cette logique répressive apparaît dangereuse puisque, faute de s'orienter sur la réinsertion, la réponse pénale ne prévient pas le renouvellement d'infraction.

---

[214] Art. 723-1 c. proc. pén.
[215] Art. 723-6 c. proc. pén.
[216] Anc. Art. 721-1-1 C c. proc. pén.
[217] Art. 721-1-1 C c. proc. pén.et art. 721 c. proc. pén.

II. Une réponse pénale insuffisamment tournée vers la réinsertion

Plusieurs fonctions sont associées aux peines[218]. Si l'élimination fait partie intégrante de la peine, elle doit se coupler avec l'amendement afin de garantir l'objectif poursuivi par la peine, sa finalité, telle qu'exprimée par l'article 130-1 du Code pénal : la peine vise à « assurer la protection de la société, prévenir la commission de nouvelles infractions et restaurer l'équilibre social ». La fonction neutralisante n'est d'ailleurs pas citée par cette disposition qui ne fait référence qu'à deux fonctions des peines : « sanctionner l'auteur de l'infraction » et « favoriser son amendement, son insertion ou sa réinsertion ». Le Code pénal affirme donc cette nécessité pour protéger la société que la peine permette l'amendement du délinquant. Pourtant, la politique pénale mise en œuvre à l'encontre des terroristes apparaît tout à fait paradoxale en ce qu'elle délaisse l'amendement (A). S'il ne peut qu'être préconisé de repenser le droit de la peine dérogatoire dans un objectif de protection de la Société, il faut toutefois convenir que la réponse pénale en la matière est particulièrement complexe et qu'elle n'a pas véritablement su à ce jour convaincre de son efficacité totale (B).

A. Les paradoxes de la réponse pénale

En premier lieu, le droit de la peine dérogatoire applicable aux condamnés pour infraction terroriste révèle des incohérences répressives. Concernant par exemple les exclusions de principe en matière d'aménagement de peine,

---

[218] J.-P. Céré et L. Grégoire, « Peine : nature et prononcé. Art. 1 – Fonctions de la peine », Rép. pén., juin 2020.

il faut relever que la détention à domicile sous surveillance électronique n'est pas concernée[219]. On peut légitimement s'interroger sur les raisons profondes du maintien de cette seule possibilité pour les condamnés en fin de peine : est-ce un aménagement plus efficace que la semi-liberté ou le placement à l'extérieur ; serait-il plus adapté aux condamnés terroristes du fait de leur dangerosité spécifique ; prémunirait-il davantage la société contre le risque de renouvellement d'infraction ? On peut en douter. Et on peut par conséquent douter de l'intérêt d'une exclusion de principe de tous les autres aménagements de peine. Les doutes s'accentuent en s'attardant sur les conditions de prononcé de l'aménagement des fins de peine. En effet, l'aménagement est prononcé au vu de la personnalité et de la situation du condamné et donc logiquement de ses gages de réinsertion. Or, si on appliquait les conditions de droit commun aux condamnés terroristes, deux hypothèses pourraient se rencontrer : soit le terroriste ne présente pas de gages sérieux de réadaptation et reste dangereux et il ne bénéficierait par conséquent pas de la mesure ; soit il présente de tels gages et une absence de dangerosité et on ne saisit alors pas pourquoi il ne bénéficierait pas d'un aménagement, qui plus est au risque que le maintien en détention jusqu'à l'exécution totale de la peine en milieu fermé lui fasse perdre cette aptitude à la réinsertion. Les évolutions du droit de la peine visent à éviter les sorties sèches jugées criminogènes et pourtant le droit de la peine dérogatoire conduit à les imposer pour les condamnés terroristes indépendamment de tout constat individuel de dangerosité.

En second lieu, la répression en matière terroriste fait la part belle à la peine privative de liberté la plus rigoureuse possible, l'écart entre la peine encourue et la peine exécutée

---

[219] Art. 723-7 à 723-13-1 c. proc. pén.

s'atténuant, voire disparaissant progressivement. Alors même que la peine a vocation à contribuer à prévenir le renouvellement d'infraction, une telle politique apparaît contreproductive en ce qu'elle ne permet aucun amendement et conduit à ce qu'un condamné sorte de prison aussi dangereux (ou pas d'ailleurs[220]) qu'il y est entré. Cela a d'ailleurs pu être relevé par les acteurs de l'application des peines quand les premiers condamnés terroristes ont commencé à arriver en fin d'exécution de leur peine privative de liberté[221]. Le législateur lui-même s'est rendu à l'évidence et a cherché à faire succéder à la neutralisation la surveillance avec la loi du 10 août 2020 instaurant des mesures de sûreté à l'encontre des auteurs d'infractions terroristes à l'issue de leur peine (loi largement censurée par le Conseil constitutionnel)[222]. Faute d'avoir tenté de faire évoluer la dangerosité des condamnés terroristes, voire en l'ayant renforcée, l'État se retrouve confronté à un risque de degré intense. Quoi de mieux alors que cette catégorie à la nature juridique floue (et potentiellement rétroactive) des mesures de sûreté pour

---

[220] Un individu peut avoir été condamné pour une infraction à caractère terroriste et ne pas ou ne plus être estimé dangereux pour la société et pour autant, il fera l'objet du régime d'exécution des peines dérogatoire fondé sur une suspicion générale de dangerosité en raison du « caractère terroriste » de l'infraction. À l'inverse, un condamné pour une infraction de droit commun radicalisé et dangereux fait l'objet du droit commun de la peine. Si la dangerosité est au cœur du régime dérogatoire, elle est appréhendée dans les textes exclusivement sur le fondement de l'appréciation objective de la qualification pénale des faits.

[221] Colloque « Femmes, mineurs et terrorisme », Faculté de droit de Nancy, 5 & 6 décembre 2018 ; C. Ménabé et J. Leonhard, *Femmes, mineurs et terrorisme*, L'Harmattan, Bibliothèques de droit, 2021.

[222] Cons. const. 7 août 2020, n° 2020-805 DC ; G. Beaussonie, « Une goutte de sûreté dans un océan de sécurité », Recueil Dalloz 2020, p. 1869 ; J. Pradel, « Le législateur foudroyé par les juges constitutionnels », Recueil Dalloz 2020, p. 1853.

assurer la sécurité de la population. Les mesures de sûreté de droit commun sont applicables (surveillance judiciaire, surveillance de sûreté, rétention de sûreté[223]) mais surtout, la loi du 30 juillet 2021[224] a créé la mesure judiciaire de prévention de la récidive terroriste et de réinsertion qui soumet l'individu à un suivi sanitaire, social, éducatif ou psychologique, avec une éventuelle prise en charge dans un centre de déradicalisation, ainsi qu'à une obligation d'exercer une activité professionnelle ou de formation[225]. Cette mesure de sûreté est applicable au condamné pour une infraction à caractère terroriste à une peine d'emprisonnement ferme non assortie d'un sursis d'au moins cinq ans ou trois ans en cas de récidive, et qui présente, à l'issue d'un réexamen de sa situation à la fin de l'exécution de sa peine, « *une particulière dangerosité caractérisée par une probabilité très élevée de récidive et par une adhésion persistante à une idéologie ou à des thèses incitant à la commission d'actes de terrorisme, faisant obstacle à sa réinsertion* ». Comme toujours, la mesure est soumise à une appréciation subjective de la dangerosité avec tous les aléas qu'on lui connait[226], d'autant plus qu'ici (contrairement à la rétention de sûreté), elle ne repose pas sur un trouble grave de la personnalité. L'article 706-25-16 est d'autant plus surprenant qu'il précise que « *le tribunal de l'application des peines de Paris ne peut*

---

[223] Art. 706-53-13 et s. c. proc. pén. et art. 723-29 et s. c. proc. pén.
[224] Loi n° 2021-998 du 30 juillet 2021 relative à la prévention d'actes de terrorisme et au renseignement ; « Terrorisme et renseignement : publication de la loi après invalidation partielle – Conseil constitutionnel 30 juillet 2021 », Recueil Dalloz 2021, p. 1541 ; M. Pugliese, « Renforcement de la prévention d'actes de terrorisme : la loi publiée (Loi n° 2021-998, 30 juill. 2021, JO 31 juill. ; Cons. const. 30 juill. 2021, n° 2021-822 DC) », Dalloz actualité, 7 septembre 2021.
[225] Art. 706-25-16 C. proc. pén.
[226] J.-B. Perrier, « Gravité et dangerosité », *in* J. Alix et A. Darsonville (dir.), *Gravité et droit pénal*, Mare & Martin, 2021.

prononcer la mesure judiciaire de prévention de la récidive terroriste et de réinsertion qu'après s'être assuré que la personne condamnée a été mise en mesure de bénéficier, pendant l'exécution de sa peine, de mesures de nature à favoriser sa réinsertion ». Ainsi, « en dépit de la validation de cette mesure par le Conseil constitutionnel, l'imprécision du critère de la dangerosité laisse craindre une application préventive et répondant à une « logique de suspicion » qui a pénétré la matière terroriste et pollue notre État de droit. Cette loi recèle, en outre, une telle contradiction entre l'une de ses conditions de mise en œuvre – que le détenu ait pu bénéficier de mesures de réinsertion pendant l'exécution de sa peine – et la réalité pratique, qu'il sera bien difficile pour les tribunaux de l'ordonner »[227].

Si une politique répressive ne peut se fonder – dans l'intérêt de la Société – exclusivement sur la neutralisation, il ne faut pas pour autant idéaliser l'effet préventif d'une politique pénale de réinsertion. En matière de terrorisme, orienter la peine vers la réinsertion n'est pas une solution miraculeuse permettant d'effacer toute dangerosité. La réinsertion des radicalisés n'est ni simple ni, à ce stade, suffisamment efficace pour tous.

B. Les difficultés de la réponse sociale

En dehors de l'exécution des peines, de nombreuses expérimentations ont été mises en œuvre et ont, souvent, montré rapidement leurs failles. Par exemple, le centre de prévention contre les dérives sectaires liées à l'islam (CPDSI) de l'anthropologue Dounia Bouzar n'a existé

[227] M. Pugliese, « Renforcement de la prévention d'actes de terrorisme : la loi publiée », préc.

qu'entre 2014 et 2016[228]. Le Centre de prévention, d'insertion et de citoyenneté (CPIC) a été créé en 2016 et a fermé la même année après avoir fait l'objet de vives critiques notamment par une analyse sociologique et par un rapport du sénat[229]. Des initiatives locales ont également été mises en œuvre comme le Centre d'action et de prévention contre la radicalisation des individus (CARPI) de Bordeaux[230]. Mais au-delà des questionnements sur la capacité de désengagement de ces différentes expérimentations, a pu être dénoncé un business de la déradicalisation[231], qui a d'ailleurs déjà fait l'objet de plusieurs scandales[232].

Dans le cadre de la stratégie nationale de prévention de la délinquance et de la radicalisation, le travail de prévention est mené autour des préfectures en partenariat avec les acteurs locaux autour de « cellules opérationnelles complémentaires », dont la cellule départementale pour la prévention de la radicalisation et l'accompagnement des familles (CPRAF) qui assure une prise en charge pluridisciplinaire des personnes radicalisées ou en voie de radicalisation et leur famille. Elle a pour mission « d'apporter soutien et assistance à la personne radicalisée

---

228 L'Express, « Déradicalisation: Dounia Bouzar jette l'éponge », 11 févr. 2016 (en ligne).

229 A. ALBER, J. CABALION et V. COHEN, Un impossible travail de déradicalisation, Erès, 2020 ; Sénat, « Les politiques de « déradicalisation » en France : changer de paradigme », Rapport d'information n° 633 (2016-2017), déposé le 12 juillet 2017 ; Slate, « Ce que l'échec de l'expérience de Pontourny nous a appris sur la déradicalisation », 1er févr. 2021 (en ligne).

230 <http://www.radicalisation.fr>.

231 Sénat, « Les politiques de « déradicalisation » en France : changer de paradigme », préc. ; Le Monde, « Rapport sur la déradicalisation : « il n'y aura pas de miracle » », 23 févr. 2017 (en ligne) ; Le Point, « Le business de la déradicalisation », 23 mai 2016 (en ligne).

232 J. Revial, *Cellule de déradicalisation : chronique d'une désillusion*, Michalon, 2016.

et à sa famille, pour permettre le cas échéant à la personne radicalisée de se désengager et se réintégrer, selon les valeurs de la République »[233].

Pour les personnes placées sous main de justice, le programme RIVE (programme de recherche et d'intervention sur les violences extrémistes) a été mis en œuvre, à l'initiative de l'administration pénitentiaire, par l'Association de politique criminelle appliquée et de réinsertion sociale (APCARS), afin de désengager certaines personnes radicalisées de la violence extrémiste et de les réinsérer dans la société[234]. Ce programme est intervenu en complément et en partenariat avec les services pénitentiaires d'insertion et de probation. Le bilan à court terme est apparu assez satisfaisant[235]. Toutefois, cette prise en charge a été reprise, suite à nouvel appel d'offre, par l'association ARTEMIS et le Groupe SOS (programme PAIRS – programme d'accompagnement individualisé et de réaffiliation sociale)[236]. L'administration pénitentiaire s'est défendue que ce choix soit motivé par des raisons économiques ou politiques[237]. Toujours est-il que ces programmes, malgré le constat d'impacts positifs à l'égard de radicalisés aptes au désengagement, ne sont pas suffisants pour ôter tout risque de nouveau passage à l'acte

---

233 <www.cipdr.gouv.fr>.

234 F. Lauféron, « Un outil au service du désengagement : présentation du dispositif RIVE », AJ pénal 2018, p. 135 ; Y. Mayaud, « Terrorisme – Infractions », préc.

235 M. Hecker, « Djihadistes un jour, djihadistes toujours ? Un programme de déradicalisation vu de l'intérieur », Focus stratégique, n° 102, Institut Français des Relations internationales, févr. 2021.

236 G. Thierry, « Reprise du programme de déradicalisation : qui est Jean-Marc Borello, président du Groupe SOS ? », Dalloz actualité, 26 octobre 2018

237 M. Hecker, « Djihadistes un jour, djihadistes toujours ? Un programme de déradicalisation vu de l'intérieur », préc.

pour les radicalisés dont l'idéologie extrême paraît tellement ancrée qu'elle est parfois estimée inaltérable[238]. L'objectif de réinsertion poursuivi par le droit commun de la peine peut ne pas paraître suffisant face aux particularités de la criminalité terroriste et de ses auteurs. Pour autant, l'existence d'un droit de la peine dérogatoire ne paraît pas se justifier tant il apparait fondé sur une dangerosité supposée compte tenu de la qualification pénale des faits, indépendamment de toute analyse individuelle de la dangerosité réelle. Ce droit dérogatoire au-delà d'être incohérent apparaît dangereux en ce que fondé sur une politique de neutralisation à durée déterminée par le prononcé des peines, à laquelle doit succéder en relai une politique de surveillance à durée indéterminée par le prononcé des mesures de sûreté.

À ce stade l'avenir est très incertain. La matière est complexe, rapidement évolutive, elle suppose d'acquérir encore des connaissances sur les mécanismes du processus de radicalisation et du processus de désengagement. Mais il est certain que la mise à l'écart prolongée proposée par le législateur n'est qu'une solution qui a déjà démontré ses limites, pire ses risques, et amène à renforcer un droit sécuritaire au détriment des droits et libertés fondamentaux.

---

[238] J. Horgan et K. Braddock, « Rehabilitating the Terrorists? Challenges in Assessing the Effectiveness of De-radicalization Programs », Terrorism and Political Violence, n° 22, 2010, p. 267-291.

Les mesures individuelles de contrôle administratif et de surveillance (MICAS) : de la mise en œuvre à la répression

Céline MÉNA
Doctorante ATER en droit privé et sciences criminelles, Institut François Gény, Université de Lorraine.

L'article 3 de la loi « SILT[239] » a créé les articles L. 228-1 et suivants du Code de la sécurité intérieure en vertu desquels le ministre de l'Intérieur détient la possibilité de prononcer des mesures individuelles de contrôle administratif et de surveillance (MICAS) « aux seules fins de prévention de la commission d'acte de terrorisme[240] ». Cette loi a étendu les outils juridiques mis à disposition de l'autorité administrative pour faire face au terrorisme. Par le biais de ces mesures, le législateur a conféré au ministre de l'Intérieur le pouvoir de soumettre des personnes à toute une pluralité d'obligations visant pour l'essentiel à concourir à leur surveillance. Ces obligations pouvant alors se greffer à des mesures de contrôle judiciaire, le ministre de l'Intérieur ayant « transmis des directives internes aux procureurs et aux préfets, qui décrivaient les mesures de contrôle au titre du régime administratif et celles au titre du système de justice pénale comme « complémentaires » plutôt que contradictoires et

---

[239] Loi n° 2017-1510 du 30 octobre 2017 renforçant la sécurité intérieure et la lutte contre le terrorisme, JOFR n° 255, 31 oct. 2017.
[240] Code de la sécurité intérieure, art. L228-1, al. 1er.

ne voyaient aucun problème en cas de mise en œuvre simultanée[241] ».

Contextuellement, cette loi a été adoptée à la suite de la sixième et dernière prorogation de l'état d'urgence[242]. Il s'agissait, de cette façon, de mettre fin à ce régime dérogatoire en attribuant à l'État « de nouveaux instruments de droit commun, permettant d'offrir une même efficacité dans la lutte contre le terrorisme et de mieux prévenir les risques d'attentat[243] ». Initialement, les MICAS avaient vocation à être temporaires. Le Parlement avait autorisé leur mise en œuvre de manière limitée : jusqu'au 31 décembre 2020, délai ensuite prolongé jusqu'au 31 juillet 2021[244]. Les MICAS sont donc finalement devenues des mesures permanentes de droit commun pour lesquelles un cadre juridique et des règles de mise en œuvre ont été établies (1) ainsi que des sanctions en cas de non-respect (2).

---

241 Amnesty international, Punitions sans procès, l'utilisation de mesures de contrôle administratif dans le contexte de la lutte contre le terrorisme en France, novembre 2018, § 2, p. 22.

242 Conformément à la loi n°55-385 du 3 avril 1955, l'état d'urgence avait initialement été institué, en France, à la suite des attentats terroristes du 13 novembre 2015 par le décret n° 2015-1475 du 14 novembre 2015. L'état d'urgence a par la suite été prorogé successivement à six reprises par la loi n° 2015-1501 du 20 novembre 2015, la loi n° 2016-162 du 19 février 2016, la loi n° 2016-629 du 20 mai 2016, la loi n° 2016-987 du 21 juillet 2016, la loi n° 2016-1767 du 19 décembre 2016 et la loi n° 2017-1154 du 11 juillet 2017.

243 Rapport du Gouvernement au Parlement sur la mise en œuvre de la loi n° 2017-1510 du 30 octobre 2017 renforçant la sécurité intérieure et la lutte contre le terrorisme, 1er nov. 2018, p. 5.

244 En vertu de la Loi n° 2021-998 du 30 juillet 2021 relative à la prévention d'actes de terrorisme et au renseignement, JOFR n° 0176, 31 juill. 2021.

1. Cadre juridique et mise en œuvre

Les MICAS sont des mesures juridiquement encadrées (1.1.) qui sont mises en œuvre de manière croissante depuis leur création (1.2.).

1.1. Le cadre juridique

Les MICAS sont strictement encadrées. Elles ne peuvent être prononcées qu' « à l'égard d'une personne à l'encontre de laquelle il existe des raisons sérieuses de penser que son comportement constitue une menace d'une particulière gravité pour la sécurité et l'ordre public et qui soit entre en relation de manière habituelle avec des personnes ou organisations incitant, facilitant ou participant à des actes de terrorisme, soit soutient, diffuse, lorsque cette diffusion s'accompagne d'une manifestation d'adhésion à l'idéologie exprimée, ou adhère à des thèses incitant à la commission d'actes de terrorisme ou faisant l'apologie de tels actes[245] ».

Concrètement, une personne qui fait l'objet d'une MICAS peut être soumise au respect de différentes obligations restrictives qu'elle est tenue de respecter, telles qu'une assignation géographique dont le périmètre « ne peut être inférieur au territoire de la commune[246] » de son domicile. Celle-ci peut être accompagnée d'une obligation de présentation une fois par jour[247] auprès des services de police ou des unités de gendarmerie pouvant être remplacée, à la demande du ministre de l'Intérieur et après accord écrit de la personne concernée, par un placement

---

[245] Code de la sécurité intérieure, art. L228-1.
[246] Code de la sécurité intérieure, art. L228-2, 1°.
[247] Code de la sécurité intérieure, art. L228-2, 2°.

sous surveillance électronique mobile[248]. Peut également être prononcée : une interdiction de paraître dans un lieu déterminé - quand bien même ledit lieu figure dans le périmètre prédéfini par l'assignation géographique - dès lors que s'y tient « un évènement exposé, par son ampleur ou ses circonstances particulières, à un risque de menace terroriste[249] ». De la même manière, la personne peut être tenue de l'obligation de signaler tout déplacement à l'extérieur dudit périmètre[250], de l'interdiction d'entrer en relation avec des personnes soupçonnées de constituer une menace pour la sécurité publique[251] ou bien encore, de l'obligation de déclarer et justifier de son domicile ainsi que de tout changement s'y afférent[252].

Pour autant, l'application de ces mesures contraignantes ne doit aucunement empêcher la personne à l'encontre de laquelle elles ont été prononcées « de poursuivre sa vie familiale et professionnelle[253] ». Pour ce faire, des possibilités d'aménagements peuvent être envisagées permettant ainsi, à l'intéressé, de se rendre sur son lieu de travail - s'il l'exerçait avant la mise en place de la mesure - quand bien même il se situe en dehors du périmètre qu'il est initialement tenu de respecter à raison de l'assignation géographique dont il fait l'objet. Même chose

---

248 Code de la sécurité intérieure, art. L228-3, al. 1er.

249 Code de la sécurité intérieure, art. L228-2, al. 5.

250 Code de la sécurité intérieure, art. L228-4, 2°.

251 Code de la sécurité intérieure, art. L228-5, al. 1er.

252 Code de la sécurité intérieure, art. L228-4, 1°.

253 Sénat, Rapport fait au nom de la commission des lois constitutionnelles, de législation, du suffrage universel, du Règlement et d'administration générale sur le projet de loi, adopté par l'Assemblée nationale après engagement de la procédure accélérée, relatif à la prévention d'actes de terrorisme et au renseignement, par M. Marc-Philippe DAUBRESSE et Mme Agnès CANAYER, n° 694 (2020-2021), 16 juin 2021.

lorsque l'intéressé doit effectuer des déplacements hors du périmètre pour répondre, par exemple, à une mesure de garde alternée[254].

À première vue, cette limite légale vise à ce que la mesure administrative soit conforme aux droits et libertés fondamentaux que sont la liberté d'aller et de venir[255] et le droit de mener une vie familiale normale[256].
Mais quand bien même il s'agit de droits et libertés fondamentaux, dont il relève en principe de l'office du juge judiciaire d'en être le garant[257], en matière de MICAS, le législateur se contente en uniquement d'offrir à la personne en faisant l'objet, une possibilité d'émettre la demande de tels aménagements, sans aucune garantie qu'ils seront accordés.
En outre, les demandes d'aménagements font l'objet d'une procédure d'examen menée par la direction des libertés publiques et des affaires juridiques (DLPAJ) du ministère de l'Intérieur. À charge pour elle d'apprécier *in concreto* chaque demande. Donc dans le cadre des MICAS, non seulement le législateur ne prévoit aucune garantie réelle du respect des droits et libertés fondamentaux, mais lorsqu'une demande d'aménagement est formulée aux fins de respecter ces droits et libertés, la compétence est attribuée au pouvoir exécutif et non au juge judiciaire qui pourtant en est, par principe, le garant.

Ainsi, il ressort du rapport d'information du Sénat que même si « les demandes d'aménagement justifiées par

---

[254] Étude d'impact, projet de loi relatif à la prévention d'actes de terrorisme et au renseignement, 27 avril 2021, p. 35.
[255] DDHC du 26 août 1789, arts. 2 et 4.
[256] Préambule de la Constitution du 27 octobre 1946, al. 10 et CEDH, art. 8.
[257] Constitution du 4 octobre 1958, art. 66.

des contraintes professionnelles, administratives ou médicales reçoivent le plus souvent un avis favorable. Il en est différemment pour les demandes liées à des motifs de convenance personnelle, pour lesquelles un sauf-conduit est plus rarement accepté[258] ». Concrètement, « depuis l'entrée en vigueur de la loi « SILT », 169 demandes d'aménagements définitifs des obligations et 573 demandes de sauf-conduits ponctuels ont été adressées au ministre de l'Intérieur. Une majorité d'entre elles, soit 62 % pour les aménagements et 59 % pour les sauf-conduits, ont reçu une réponse favorable[259] ». Certes, une majorité a reçu une réponse favorable mais pas toutes, alors que cela vise le respect des droits et libertés les plus fondamentaux. Cela devrait donc être une garantie accordée de droit à chaque personne faisant l'objet d'une MICAS et non pas une simple possibilité d'émettre une demande dont l'examen est ensuite confié au pouvoir exécutif et non au juge judiciaire c'est-à-dire sans possibilité de débat contradictoire sur la question.

Leur durée est elle aussi strictement encadrée puisque les MICAS ne peuvent excéder une durée cumulée de douze mois sachant que durant ces douze mois elles peuvent être renouvelées tous les trois mois par décision strictement motivée et justifiée par des éléments nouveaux ou complémentaires[260].

Or ici, la décision de renouvellement est une décision arbitraire laissée encore une fois au pouvoir exécutif seul. Elle doit être motivée et justifiée, mais « d'après certains avocats, pour contourner cette obligation, le ministère de

---

[258] Sénat, La loi renforçant la sécurité intérieure et la lutte contre le terrorisme : 2 ans après - bilan et propositions, Rapport d'information n° 348 (2019-2020), déposé le 26 février 2020, §2, B).

[259] *Ibid.*

[260] CPP, art. L228-2, al. 5.

l'Intérieur se garde de divulguer certaines informations au moment où il prononce la mesure initiale, avant de les présenter comme des éléments nouveaux pour justifier le renouvellement de la mesure de contrôle[261] ».

Le législateur a donc établi un cadre juridique pour les MICAS qu'il a confié aux seules mains du pouvoir exécutif et qui présente des carences en termes de garantie du respect des droits et libertés fondamentaux.

Pour autant, le recours à ces mesures n'a cessé de croître depuis leur création.

1.2. La mise en œuvre

En ce qui concerne la mise en œuvre des MICAS, il ressort des rapports d'évaluation annuels de ces mesures que, depuis leur création, les MICAS « ont démontré leur efficacité d'un point de vue opérationnel[262] ». Cette efficacité s'explique, car ce sont par nature des mesures d'entrave restrictives. L'avantage qu'elles présentent est leur facilité de mise en œuvre. Elles peuvent être promptement exécutées, ce qui s'inscrit parfaitement dans l'objectif de célérité du ministère de l'Intérieur pour appréhender rapidement et efficacement les potentielles menaces terroristes. C'est pourquoi le recours à ce type de

---

[261] Amnesty international, Punitions sans procès, l'utilisation de mesures de contrôle administratif dans le contexte de la lutte contre le terrorisme en France, novembre 2018, § 1.2. p. 12.

[262] Sénat, Rapport fait au nom de la commission des lois constitutionnelles, de législation, du suffrage universel, du Règlement et d'administration générale (1) sur le projet de loi, adopté par l'Assemblée nationale après engagement de la procédure accélérée, relatif à la prévention d'actes de terrorisme et au renseignement, par M. Marc-Philippe DAUBRESSE et Mme Agnès CANAYER, n° 694 (2020-2021), 16 juin 2021.

mesure n'a eu de cesse de croître d'année en année : entre le 1er novembre 2020 et le 31 octobre 2021, ce sont au total 161 MICAS qui ont été prononcées alors que pour l'année 2020 le nombre était de 142 MICAS[263].

En outre, elles ont été particulièrement utiles à l'encontre des personnes sortant de détention puisqu'elles permettent aussi d'assurer la continuité du suivi de ces personnes. Les chiffres parlent d'eux-mêmes : depuis le 1er novembre 2020, 63%[264] des MICAS prononcées l'ont été à l'encontre de ces personnes. En matière de MICAS, le constat est double : d'une part, les MICAS ont su indéniablement prouver leur efficacité à la fois dans l'objectif premier de lutte contre le terrorisme - en assurant la surveillance et le suivi des personnes ayant commis ce type d'infraction ou des infractions connexes aux actes de terrorisme - mais également en amont, dans l'objectif de prévention de ce type d'acte.

Par ailleurs, le recours croissant à ces mesures est une donnée suffisante pour qu'il incombe au juge judiciaire de vérifier si leur mise en œuvre présente des garanties suffisantes quant au respect des droits et libertés constitutionnellement garantis, conformément à l'office qui lui est attribuée par l'article 66 de la Constitution. Or, ce n'est en pratique pas le cas. Il n'intervient ni en amont pour autoriser la mise en œuvre de la mesure ni pour en effectuer ensuite un quelconque contrôle. Même chose en ce qui concerne l'éventualité d'un recours en cas d'atteinte : il se fait devant le tribunal administratif qui peut toutefois statuer en référé[265], la mesure étant une mesure de contrôle

---

263 JANUEL Pierre, « Les dispositifs de contrôle administratif restent très utilisés en 2021 », *D. actu.*, 17 juin 2022.
264 *Ibid.*
265 Code de justice administrative, arts. L521-1 et L521-2.

administratif. Or, « s'agissant de l'efficacité de la défense des libertés, l'intervention a posteriori du juge administratif ne saurait remplacer l'autorisation a priori du juge judiciaire[266] ».

En matière de MICAS, monopole a été donné au pouvoir exécutif en confiant la mise en œuvre de ces mesures au ministre de l'Intérieur. Le pouvoir judiciaire est donc écarté au profit du pouvoir exécutif, alors même que ces mesures ne sont plus des mesures exceptionnelles résultant de l'État d'urgence, mais sont devenues des mesures permanentes de droit commun, de sorte que le législateur aurait, semble-t-il, méconnu le principe même de séparation des pouvoirs puisqu'en matière de MICAS, aucun contrôle de proportionnalité ni de nécessité de la mesure n'est effectué par un juge impartial et indépendant *a priori* ou *a posteriori*. Pourtant dès lors qu'elles font désormais partie intégrante du droit commun,[267] cela « justifie l'édiction de garanties toutes particulières au titre desquelles la compétence du juge judiciaire qui implique, entre autres, une procédure contradictoire[268] ». Mais finalement, pour le Conseil constitutionnel, les MICAS ont réussi à s'inscrire dans « une conciliation équilibrée entre l'objectif à valeur constitutionnelle qu'est la prévention des atteintes à l'ordre public et l'exercice des droits et libertés constitutionnellement garantis[269] » - ce que n'a eu de cesse de rappeler le Conseil constitutionnel - à savoir : « la liberté d'aller et de venir, le droit au respect de la vie privée et le

---

[266] Sénat, Saisine du Conseil constitutionnel du Groupe Les Républicains au Sénat, Loi relative à la prévention d'actes de terrorisme et au renseignement, 2021-822 DC, 22 juillet 2021, p. 2.
[267] Loi SILT, art. 1.
[268] Sénat, Saisine du Conseil constitutionnel du Groupe Les Républicains au Sénat, *op. cit.* p. 3.
[269] Cons. const. décision n° 2021-822 du 30 juillet 2021.

droit de mener une vie familiale normale[270] ». C'est donc pour cela aussi, que les MICAS sont désormais des mesures permanentes de droit commun dont le non-respect est pénalement sanctionné.

2. La répression en cas de non-respect des mesures

Le non-respect d'une MICAS constitue une infraction pénale qui donne lieu à une peine fixée par le Code de sécurité intérieure (2.1.). La répression est sévère et en pratique mise en œuvre de manière stricte et systématique (2.2.).

2.1. La peine applicable

La violation des obligations prescrites par les MICAS constitue un délit pénal puni de trois ans d'emprisonnement et de 45 000 € d'amende[271]. La répression a été calquée sur la sanction[272] applicable en matière de non-respect de l'obligation d'assignation à résidence prévue par la loi du 3 avril 1955 relative à l'état d'urgence[273]. En principe, cette sanction est automatiquement rappelée aux personnes qui font l'objet d'une MICAS: dans l'arrêté initial et, en cas de renouvellement, elle figure dans la notice d'information qui accompagne chaque arrêté de renouvellement. Or, les personnes concernées par ce type de mesure peuvent ne pas savoir nécessairement lire.

---

[270] *Ibid.*
[271] Code de la sécurité intérieure, art. L228-7.
[272] Loi n° 55-385 relative à l'état d'urgence, art. 13, al. 2 dispose que les infractions d'astreinte à demeurer dans le lieu d'habitation sont punies de trois ans d'emprisonnement et 45 000 euros d'amende.
[273] Loi n° 55-385 relative à l'état d'urgence.

Constituant un délit, il relève alors de la compétence du tribunal correctionnel d'en juger conformément à l'article 381 du Code de procédure pénale.

La peine est sévère puisque réprimée par une peine d'emprisonnement, mais peut être justifiée par son caractère dissuasif qui permettrait ainsi de garantir toute l'effectivité de la mesure. C'est ce qui explique également pourquoi la répression est en pratique systématique en la matière.

2.2. La mise en œuvre de la répression

En ce qui concerne la mise en œuvre de la répression en cas de non-respect d'une MICAS, initialement le mot d'ordre du pouvoir exécutif était à la répression systématique du non-respect de ces mesures. C'est-à-dire que l'action publique était systématiquement ouverte par les parquets, pour ce motif, généralement sur signalement de l'autorité administrative et sans qu'il ne soit nécessairement tenu compte, en pratique des raisons pouvant justifier ces violations.

Quant aux chiffres, le nombre de procédures judiciaires ouvertes pour violation des obligations prescrites par les MICAS reste limité, mais lorsque c'est le cas, que la procédure est ouverte, les sanctions prononcées par le tribunal correctionnel sont en majorité des peines d'emprisonnement comprises entre six et douze mois et sont inscrites au bulletin n° 1 du casier judiciaire.

Ainsi pour l'année 2017, année d'institution des MICAS, il ressort du rapport fait par le Gouvernement au

Parlement[274] que neuf procédures judiciaires avaient été ouvertes pour ce motif.
Parmi ces neufs procédures, six ont donné lieu au prononcé d'une peine d'emprisonnement : trois ont été condamnés pour violation de l'obligation de présentation périodique auprès des services de police ou des unités de gendarmerie - les peines prononcées variaient de six à huit mois d'emprisonnement - trois autres ont été condamnés pour violation de l'astreinte géographique, les peines prononcées par le tribunal correctionnel se situaient également entre six et huit mois d'emprisonnement. Et deux procédures ont donné lieu à un rappel à la loi pour un retard excessif dans la déclaration du changement de domicile.
La dernière procédure n'avait, quant à elle, donné lieu à aucune poursuite puisque la personne concernée avait réussi à quitter le territoire national.

En comparaison, pour l'année 2021[275], le nombre a été multiplié par quatre. Ce n'est pas moins de quarante-deux procédures judiciaires qui ont été ouvertes pour violation des obligations prescrites par les MICAS. Étant précisé que sur ces quarante-deux procédures, trente-quatre ont abouti au prononcé de peines d'emprisonnement par le tribunal correctionnel, soit cinq fois plus qu'en 2017.

En conclusion, le constat est qu'à la peine exécutée au titre de la commission de l'acte de terrorisme lui-même, peut faire suite une mesure de contrôle judiciaire

[274] Sénat, Rapport fait au nom de la commission des lois constitutionnelles, de législation, du suffrage universel, du Règlement et d'administration générale sur le projet de loi, adopté par l'Assemblée nationale après engagement de la procédure accélérée, relatif à la prévention d'actes de terrorisme et au renseignement, par M. Marc-Philippe DAUBRESSE et Mme Agnès CANAYER, n° 694 (2020-2021), 16 juin 2021.
[275] *Ibid.*

possiblement accompagnée d'une mesure individuelle de contrôle administratif et de surveillance qui, elle-même, peut encore donner lieu à une nouvelle peine d'emprisonnement si les obligations qu'elle prescrit ne sont pas respectées[276]. Il s'agirait donc là d'une « spirale infinie de surveillance et d'enfermement[277] ».

---

[276] MISSOFFE Prune, « Une peine qui n'en finit pas : le sécuritaire sous couvert de réinsertion », Observatoire international des prisons, Section française, [consulté en ligne le 7 nov. 2022] sur : https://oip.org/analyse/une-peine-qui-nen-finit-pas-le-securitaire-sous-couvert-de-reinsertion/.

[277] *Ibid.*

2ème partie : les terroristes sur le sol français, entre prévention et sanction

Structures éditoriales du groupe L'Harmattan

L'Harmattan Italie
Via degli Artisti, 15
10124 Torino
harmattan.italia@gmail.com

L'Harmattan Hongrie
Kossuth l. u. 14-16.
1053 Budapest
harmattan@harmattan.hu

L'Harmattan Sénégal
10 VDN en face Mermoz
BP 45034 Dakar-Fann
senharmattan@gmail.com

L'Harmattan Cameroun
TSINGA/FECAFOOT
BP 11486 Yaoundé
inkoukam@gmail.com

L'Harmattan Burkina Faso
Achille Somé – tengnule@hotmail.fr

L'Harmattan Guinée
Almamya, rue KA 028 OKB Agency
BP 3470 Conakry
harmattanguinee@yahoo.fr

L'Harmattan RDC
185, avenue Nyangwe
Commune de Lingwala – Kinshasa
matangilamusadila@yahoo.fr

L'Harmattan Congo
219, avenue Nelson Mandela
BP 2874 Brazzaville
harmattan.congo@yahoo.fr

L'Harmattan Mali
ACI 2000 - Immeuble Mgr Jean Marie Cisse
Bureau 10
BP 145 Bamako-Mali
mali@harmattan.fr

L'Harmattan Togo
Djidjole – Lomé
Maison Amela
face EPP BATOME
ddamela@aol.com

L'Harmattan Côte d'Ivoire
Résidence Karl – Cité des Arts
Abidjan-Cocody
03 BP 1588 Abidjan
espace_harmattan.ci@hotmail.fr

Nos librairies en France

Librairie internationale
16, rue des Écoles
75005 Paris
librairie.internationale@harmattan.fr
01 40 46 79 11
www.librairieharmattan.com

Librairie des savoirs
21, rue des Écoles
75005 Paris
librairie.sh@harmattan.fr
01 46 34 13 71
www.librairieharmattansh.com

Librairie Le Lucernaire
53, rue Notre-Dame-des-Champs
75006 Paris
librairie@lucernaire.fr
01 42 22 67 13

www.ingramcontent.com/pod-product-compliance
Lightning Source LLC
LaVergne TN
LVHW010940061026
849535LV00007B/2494